维特根斯坦十讲

楼巍 著

LUDWIG WITTGENSTEIN

上海文艺出版社

本书写给"岛屿上的宁远楼"

目录

001 — 第一讲
　　"我度过了美好的一生！"
022 — 第二讲
　　语言是世界的图画
042 — 第三讲
　　语言和世界的先天秩序
064 — 第四讲
　　不可说和显示
091 — 第五讲
　　回到粗糙的地面上
112 — 第六讲
　　反本质主义
134 — 第七讲
　　遵守规则的悖论
156 — 第八讲
　　私人语言的问题
180 — 第九讲
　　驳斥罗素的"归纳原则"
201 — 第十讲
　　知识和确定性

第一讲

"我度过了美好的一生!"

1. 一个矛盾的混合体

在得知自己得了前列腺癌以后,维特根斯坦并没有怨天尤人,而是平静地接受了这个事实,他甚至说自己并不想接受治疗,也没有继续活下去的愿望,唯一让他感到害怕的,只是死在冰冷的医院病床上,因此,当最后的时刻即将到来的时候,剑桥的贝文医生提出维特根斯坦可以在他家里度过自己最后的时光,对此,维特根斯坦肯定是十分感激的。

1951年4月27日晚,维特根斯坦病得很厉害。贝文医生对他说:"你只能再活几天了。"他大声地回答:"好!"在失去意识之前,他对整晚照看他的贝文夫人说:"告诉他们,我度过了美好的(wonderful)一生!"用这个"他们",维特根斯坦显然指的是他为数不多的几位亲密的朋友。两天后,二十世纪最伟大的哲学家(可能没有"之一"了)维特根斯坦去世了。

作为他的亲密朋友之一,美国哲学家马尔康姆(Norman Malcolm)对于"美好的一生"这个表述曾经有过这样的评论:"当我想到他深刻的悲观主义,他精神和道德上的痛苦程度,他使用自己智力的无情方式,他对爱的需求以及那种排斥爱的冷酷性,我倾向于相信他的人生是极度不幸的。然而,最后他说它是'美好的'。对我而言,这似

第一讲

乎是一句神秘而又不可思议地令人感动的话。"[1]

马尔康姆的评价是中肯的。在我看来，维特根斯坦就是一个矛盾的混合体，这种混合也许只有在天才的身上才能维持其统一性：明明继承了大量的财富，却散尽钱财过极其简朴、自力更生的生活；既是一个悲观、痛苦的人，但又具有最高度的幽默感；既需要别人的爱和温情，却又因为自己的高标准和冷酷排斥着别人的爱和温情；既具有当时欧洲人所能达到的最高的、最精英的文化，又强烈地想要工作和生活在最平凡甚至最贫穷的人民当中；在理智工作和哲学研究上达到了一个别人几乎无法超越的高度，而又强烈地流露出对作为一个行业的哲学的鄙视（因为哲学对他来说是一种绝对纯粹的精神活动）；作为一个教师，他倾尽全力地在理智上教导和培养学生，却又建议学生不要从事任何与学术有关的工作……

顺便说一下，马尔康姆的《回忆维特根斯坦》是我读过的最感人的一本回忆录，1984年曾经出过一个中文版（商务印书馆出版），并于2012年再版。事实上，我相信维特根斯坦的亲密朋友们写下的传记或回忆录都是又感人又合乎事实的。有人说，要为一个人写传记或回忆录，需要与这个人保持一定的距离，才能达到所谓的客观性，但这一定是胡扯，没有爱和温情的传记或回忆录只能是材

---

[1] Norman Malcolm, *Ludwig Wittgenstein, A memoir*, Clarendon Press, 2001, p.81.

料的罗列，就像一份档案，它也许是客观的，但是，如果它不能帮助我们去"全面地"理解这个人的精神生活，并且用这些理解来改善我们自己的精神生活，那么它又有什么用呢？

为了全面地理解维特根斯坦的精神生活，另一本值得推荐的回忆录是《对维特根斯坦的回忆》(*Recollections of Wittgenstein*)。这本回忆录收录了包含维特根斯坦的姐姐在内的六个人的回忆。他的姐姐赫尔敏·维特根斯坦（Hermine Wittgenstein）说维特根斯坦的中学同学都觉得他来自另一个完全不同的世界，因为他总是用尊称"您"来称呼别人，而且他的阅读品味也完全不同于其他人。当然，在所有这些回忆录之中，在我看来最值得一读的是德鲁利（Maurice O'Connor Drury）的记录。德鲁利是维特根斯坦的学生兼老友，记录了他与维特根斯坦的很多谈话。值得一提的是，德鲁利听从了维特根斯坦的建议，并没有从事任何与哲学有关的学术工作，而是成了一名精神科医生（因为维特根斯坦对他说要做一个真正对别人有用的人），但是，他写的一本哲学著作《词语的危险》(*The Danger of Words*)却被瑞·蒙克（维特根斯坦的另一本传记《维特根斯坦传：天才之为责任》的作者）誉为"维特根斯坦所有学生出版的书中最忠实于维特根斯坦的著作"。[1]

---

[1] Ray Monk, *The Duty of Genius*, Penguin Books, 1991, p. 264

2. 维特根斯坦的精神特质

维特根斯坦是一个奇特的人,出生于一个富可敌国的家庭,儿时设计过缝纫机,长大后做过风筝飞行试验,设计过飞机的螺旋桨,研究过数学的基础,在罗素门下研究过数理逻辑,曾是罗素的学生但很快就成了能够改变罗素思想的人,喜欢隐居和独处,具有极高的音乐和艺术修养,作为志愿军参加了第一次世界大战且表现英勇(几乎是一种求死的渴望让他表现英勇),战争期间写下了著名的《逻辑哲学论》,散尽了父亲留给自己的巨额遗产,认为自己解决了一切哲学问题之后在奥地利的贫困山区当了六年的小学老师,想要进入修道院避世而无果,为自己的姐姐设计并建造了一幢房子,否定了自己的前期哲学而开创了一种新的哲学,成为了剑桥的哲学教授,二战中志愿当了医务人员,辞去教授职务潜心写成了后来脍炙人口的名著《哲学研究》(被当代众多哲学家评为对他们影响最大的哲学著作),死后留下了两万多页的手稿、打字稿,很少读经典哲学著作但很喜欢读托尔斯泰和陀思妥耶夫斯基等人的书……

本节的任务是给出一种简洁的方法,帮助我们理解维特根斯坦的那些奇特的人生经历。既然前面谈到了维特根斯坦的精神生活,那么我们就来刻画一下他的精神生活的几个特点。正是这些特点在很大程度上支配了维特根斯坦的整部人生。理解了这些特点,我们也就大致理解了他的人生。

一是对音乐和机械的永久兴趣。

路德维希·维特根斯坦是奥地利人（后来，德国在二战中合并了奥地利，在德国和英国中，维特根斯坦选择了英国国籍），1889年4月26日出生于维也纳，是家中八个孩子中的老小，有四个哥哥和三个姐姐。他们的父亲卡尔·维特根斯坦抗拒传统教育，十七岁就跑到了美国，两年后回到奥地利，先是当钢铁公司的负责人，后来成为奥地利的钢铁大王，母亲莱奥波迪是一个银行家的女儿，极具音乐才能。

维特根斯坦的家庭是一个极其富裕的家庭，同时也是一个极具音乐气息的家庭，著名音乐家勃拉姆斯常是这个家庭的座上宾。顺便说一下，维特根斯坦的哥哥保罗·维特根斯坦在一战中失去了右手，后来成了著名的"独臂钢琴家"，著名音乐家莱伯（Josef Labor）、理查德·斯特劳斯（Richard Strauss）和拉威尔（Maurice Ravel）都专门为他创作过一只手弹的钢琴曲（这从侧面说明了维特根斯坦家庭的显赫）。

一边是钢琴，一边是钢铁，维特根斯坦对音乐和机械的永久兴趣可能就源自他的母亲和父亲，但这种兴趣并不是什么业余的爱好。维特根斯坦这个人的特点就是做什么都不可能停留在业余级别。比如，几乎所有的传记都写到维特根斯坦的单簧管吹得很不错，而且有着非比寻常的吹口哨的才能。1949年，维特根斯坦去美国拜访他的学生马

第一讲

尔康姆，后者曾记载道："我对回家的长途火车的主要记忆是我们谈论了音乐，维特根斯坦带着令人惊讶的准确性和表现力用口哨为我吹了贝多芬的第七交响曲的一些部分。"[1]

对机械的兴趣就更容易刻画了。

在很小的时候，维特根斯坦就在自家地下室自己设计并制造缝纫机了，而这台缝纫机居然是可以使用的，这让他的姐姐们纷纷吃了一惊。后来，在去世前几年，他还经常去逛伦敦南肯辛顿的机械博物馆，与那些他心爱的老式蒸汽机整天地待在一起。此外，有很多传闻说每当某个机械装置坏了，维特根斯坦总能将它们修好。

维特根斯坦中学阶段的志向是学习物理学，他起初想要在维也纳追随玻尔兹曼（Ludwig Boltzmann）学习物理学，但是玻尔兹曼在1906年了结了自己的生命。于是，维特根斯坦先是去了柏林的夏洛腾堡工学院，两年后去了英国，在德比郡的"风筝飞行高层大气站"（Kite Flying Upper Atmosphere Station）用风筝做实验。1908年秋天，他注册为曼彻斯特大学工程系的研究型学生。在那些年，他热情地投入到对航空学的研究之中。在风筝飞行试验的基础上，维特根斯坦制造了一个用在飞机上的喷气反作用螺旋桨。

---

[1] Norman Malcolm, *Ludwig Wittgenstein, A memoir*, Clarendon Press, 2001, p.68.

第一讲

1926到1929年间，维特根斯坦为他的姐姐设计并建造了一幢房子。他姐姐原本是委托建筑师保罗·恩格尔曼（Paul Engelmann）来设计这幢房子的，后者是维特根斯坦的朋友，他邀请维特根斯坦参与这项工作，结果维特根斯坦逐渐取代了他。维特根斯坦去掉了房子图纸上一切无用的部分，或者说去掉了所有的装饰，只留下了具有明确功能的部分。这幢房子以绝对精确的测量、严格的比例、完全不考虑成本和时间的用料而闻名于世。据说一个锁匠曾经这样问维特根斯坦："工程师先生，请你告诉我，这里或那里的一毫米真的对你这么重要吗？"锁匠话音未落，维特根斯坦就大声说道："是的！"吓了锁匠一大跳。它的冷峻和素朴曾让他的姐姐感慨道："这是给上帝住的房子！"人们很难将这幢房子归入到某个建筑流派之下，但是那水平的屋顶和材质，那些混凝土、玻璃和钢铁，会让人想起典型的现代派建筑。

二是对一切矫揉造作和装模作样的厌恶和摒弃。

这一点很重要。

像"煞有介事"、"装模作样"这样的词，是不可能用到维特根斯坦身上的，他自己也十分讨厌这样的人和事，他的为人是率真的、直来直去的（有时甚至有些粗暴），他的穿着整洁而简朴，但前面那两个词对于很多知识分子（比如剑桥大学的精英分子）来说却是很适用的。剑桥大学三一学院有一个供人聚餐的地方，聚餐者据说应该穿着体面、谈吐优雅，维特根斯坦只去过一次，但却因为没打领带而被副院长责备了。维特根斯坦对他的学生说过，那里那些装模作样的人和同样装模作样的谈话让他十分厌恶。

我觉得，鲁迅先生之所以不待见所谓的"四条汉子"，也是这个原因吧，他在给徐懋庸的一封回信中曾经写过："却见驶来了一辆汽车，从中跳出四条汉子：田汉，周起应，还有另两个，一律洋服，态度轩昂，说是特来通知我……"鲁迅先生的文笔是好的，寥寥几笔，就把我们生活中经常可以看到的那种洋服笔挺、装模作样、煞有介事、气宇轩昂（硬撑出来的）、仿佛一出现就是世界中心、总要他人俯首的名人、学者、教授的形象勾勒出来了。至于鲁迅先生自己，经常是"蓬头垢面谈诗书"的。

维特根斯坦肯定不是这样的"教授"，虽然从1939年开始到1947年，他确实是剑桥大学的哲学教授，但他实际上只当了几年，因为二战中他去了伦敦的盖伊医院当了护工，后来又在纽卡斯尔的一个医学实验室工作。1947年的年底，他就辞去了教授职务。我们可以猜测，在维特根斯坦自己的心里，他从来没把自己当作那样的"教授"。

精英和自诩精英是有区别的，但维特根斯坦两者都不喜欢，自诩的精英就不必浪费笔墨了，即使是那些真正的精英（维特根斯坦1929年回到剑桥以后肯定遇到很多这样的精英），他们在自身的领域可能是很杰出的，这里有经济学家、哲学家、数学家，等等，但那又怎么样呢？这里无疑有两个"不成正比"：一是你表现出来的"模样"

和你真正的学识、智力是不成正比的；二是你优渥的社会地位、生活条件与你对社会、对人类做出的贡献是不成正比的。在这个意义上，那些浮在面上的社会精英其实都是装模作样的，或者说都是形式大于内容的（可能所有的时代都一样）。这里的"形式"就是他们表现出来的东西，就是他们从社会中巧取到的东西，这里的"内容"就是自身的学识、智力和对社会的贡献。

这也是为什么维特根斯坦要将自己继承的所有财产散光的原因。

1913年，维特根斯坦的父亲去世了，他获得了一份巨大的遗产，但他毫不犹豫地将这些钱散光了，一部分匿名捐赠给了奥地利的一些贫困艺术家和诗人（比如里尔克和特拉克尔），剩下的全部赠送给了他的两位姐姐。他的想法很明确，把很多钱交给有钱人，有钱人的生活不会有太多的改变，但是，把很多钱交给穷人，那么穷人势必会堕落或疯狂。

据说维特根斯坦曾经一遍一遍不厌其烦地向银行会计核查，要保证自己的账户里面不剩下一分钱。可以这么说，维特根斯坦将自己良好的出身（有人酸溜溜地说他是"衔着金钥匙出生的"）和继承的财富视为一种累赘，一种彻底偶然的东西，而他的人生目的之一，就是尽量去掉自己身上那些偶然的、多余的东西。那么，他将什么视为与人生选择有关的必然的东西呢？换言之，什么才是符合必然性的生活呢？很简单，一个人只有对社会或者对他人

第一讲

有贡献，只有真正的劳动者，才有资格获得属于自己的那份生活资料（这也基本解释了维特根斯坦在奥地利的贫困山区当了六年的小学老师的人生经历）。

这也是为什么维特根斯坦如此想要移民苏联的原因。

因为当时的苏联对他来说就代表着那种符合必然性的生活。1935年，维特根斯坦有了去苏联定居的计划，他甚至系统地学习了俄语，但他的愿望没能实现。电影《维特根斯坦》里有这样一个轶事，签证官对他说："去苏联以后，您要么去莫斯科大学教哲学，要么去喀山大学教哲学。"维特根斯坦生气地说他要在农田或工厂里从事体力劳动。这番争论的结果就是签证官对他说"维特根斯坦先生，我建议你多读点黑格尔"，维特根斯坦说"读黑格尔会让我抓狂"。两人的对话就这样结束了。

对矫揉造作和装模作样的厌恶，也解释了维特根斯坦对某些质朴的美国文化的喜爱。

维特根斯坦认为欧洲文化是矫揉造作而不真挚的，相反，他很喜欢某些美国的电影和侦探小说。他曾说过：

*一部傻傻的、天真的美国电影，可以它的全部傻气并**借助**这些傻气来给人以教益。一部愚蠢而不天真的英国电影不会带来任何教益。我经常从一部傻傻的美国电影中获得教益。*[1]

---

[1] 维特根斯坦，《论文化与价值》，楼巍译，上海人民出版社，2019年5月，第99-100页。

维特根斯坦最喜欢的侦探小说家是诺伯特·戴维斯（Norbert Davis）。有一段时间，马尔康姆常从美国给他寄一种由"斯崔特＆史密斯"（Street & Smith）出版集团（1855年由Francis Street和Francis Smith创办）发行的侦探杂志。维特根斯坦非常喜欢这本杂志，顺便在给马尔康姆的信中批评了英国的学术杂志：

你的杂志好极了。我搞不懂的是，如果人们能够读《斯崔特＆史密斯》，那么他们如何能够去读《心灵》这样的杂志。如果哲学与智慧还有关系的话，那么《心灵》中肯定根本没有一丁点的智慧，而在侦探小说中还经常会有一点。[1]

顺便说一下，长久以来，《心灵》杂志都被视为世界最顶尖的哲学杂志之一。

对精英或者精英文化的厌恶，也解释了维特根斯坦喜欢离群索居的倾向。

从1913年秋，直到1914年一战爆发，维特根斯坦都隐居在挪威卑尔根东北部的一个农场里，他甚至在一个湖边的山腰上建了一所非常漂亮的小屋。这个小屋成为了维特根斯坦深入思考逻辑和哲学问题的乐园。1926年，维特根斯坦辞去了乡村小学教师的职务，真诚地想要去修道院

---

[1] Norman Malcolm, *Ludwig Wittgenstein, A memoir*, Clarendon Press, 2001, p.32.

过一种隐居的生活，甚至在维也纳周围找到了一份"修道院园丁助理"的工作。1948年，他又去了爱尔兰，隐居在一间海边小屋内。他每天都在海边散步，与本地几位纯朴的渔民交上了朋友。他甚至还驯养了几只海鸟，这些海鸟每天定时飞过来，让维特根斯坦给它们喂食。

三是对精神活动的纯粹热爱和全身心投入。

剑桥大学还有一个名为摩尔的教授（本书的第十讲会提到他），曾经中风过，医生不让他过于激动和劳累，摩尔的夫人严格执行医嘱，不让摩尔和任何人进行超过一个半小时的哲学讨论。维特根斯坦听了十分生气，他认为摩尔不该被他夫人管控，而是想讨论多久就讨论多久，如果真的在讨论哲学时死了，那真正是死得其所，死于工作。

这件小事说明了维特根斯坦对精神活动的态度：对于一个人来说，精神活动是最重要的，甚至比延长自己的生命还要重要，而且，从事精神活动就应该全身心地投入，而不该有所保留。

不过，维特根斯坦认为一个人的精神活动必须是纯粹的，不应该夹杂任何其他的动机。以研究哲学为例，他认为一个人只能基于对哲学本身的热爱，才能从事哲学研究工作，任何其他的动机，比如获得名声、荣耀等，都是错误的，"虚荣是思想的死亡"[1]。

---

[1] 维特根斯坦，《论文化与价值》，楼巍译，上海人民出版社，2019年5月，第130页。

这也解释了他对作为一个行业的哲学的蔑视。因为，在这个行业中，哲学研究变成了谋生的手段，而不再是纯粹的精神活动了。他严肃地奉劝自己的每一个弟子不要当"学院派"，不要在大学里从事专业的哲学工作，但后来这些弟子大多都进入了哲学这个行业。不过，话又说回来，如果没有他们，如果他们不进入学术界，那么维特根斯坦的大多数著作可能都无法出版。

维特根斯坦对哲学的全身心投入，还可以体现在他遗留下来的手稿、打字稿、口述的笔记上，它们加起来居然有两万多页！而我们在市面上看到的著作、文本，恐怕只是九牛一毛罢了。对于维特根斯坦来说，哲学研究成了生活的第一需要，他曾经对别人说过，如果他的心智不再适合做哲学了，那么他应该立刻死掉。

这也解释了维特根斯坦对自己的思想被误解和篡改这回事是多么的愤慨。

对于精神活动的全身心投入带来了对于思想表达的极高的标准，维特根斯坦不允许别人在引用或使用他的看法时对他的看法有丝毫的更改。

维特根斯坦死后两年，即1953年，他的弟子出版了他的遗著——《哲学研究》，在这本书的序言中，我们可以看到："我本已放弃在有生之年出版我的著作的想法，一直到不久以前，虽说这个想法时不时地会被激活，其主要原因在于：我没法不知道那些我已经在讲座、打字稿和讨论中给出的成果在流传中常常遭到误解并多少被稀释和

曲解了。我的虚荣心因此受到了刺激，平复起来还真有点困难。"[1]（《哲学研究》序言）

这是一个迟迟不愿意出版自己的著作，却又总是毫无保留地与别人分享自己思想的人必然会遇到的问题。

随便举个例子吧，1926年以后，维特根斯坦在维也纳和所谓的"维也纳小组"的成员进行过定期的哲学讨论，有个人记录了维特根斯坦的思想和例子，自己写了一篇文章，并且发表了。对此，维特根斯坦十分愤慨。他愤慨的倒不是别人剽窃了他的思想和例子，而是这些思想并没有得到正确的表达，而是被曲解了，被"稀释"了。

顺便说一下，有人说维特根斯坦总是将自己的思想"锁"起来，以造成一种神秘感，这肯定是不对的，从20世纪30年代开始，维特根斯坦就一直在给学生授课，毫无保留地将自己的思想传授给学生，而且，维特根斯坦在30年代中期给学生口述的两份笔记，即《蓝皮书》和《棕皮书》，早就被油印出来，在很多英国哲学家和学生中间广泛传播了。

四是对自己所处的时代和文明持一种疏远的态度。

1929年，在为一本书（即《哲学评论》，生前没有出版）写的序言中，维特根斯坦写道：

这本书是为那些赞同本书的写作精神的人而写的。我认为这种精神不同于英国、美国文明的主要精神……文化

---

[1] 维特根斯坦，《哲学研究》，楼巍译，上海人民出版社，2019年7月，序言。

就像一个庞大的有机体,为它的每一个成员指派了他的位置,在这个位置上,他能以整体的精神展开工作,而他的力量可以颇为正当地用他在这个整体中的成就来衡量。然而,在一个没有文化的时代,力量被分散了,个体的力量被对立的力量和摩擦阻力消耗掉了。个体的力量并没有表现在它走过的路程中,或许只是表现在克服摩擦阻力所产生的热量中。但能量仍是能量,即使这个时代所呈现的景象并不是一部伟大的文化作品的形成(在这里,最优秀的人为同一个伟大目标而努力),而是这样一个不太庄严的景象,即人群中那些最优秀的人只不过在追逐自己的目标,我们仍然不应忘记这景象并不是关键所在。

即使我很清楚一种文化的消失并不意味着人类的价值的消失,而只是某些表达这价值的手段的消失,但事实上我仍然不带任何同情地观望着欧洲文明的动向,也不理解它的目标,如果它有目标的话。所以,我实际上是为散落在世界各个角落的朋友而写作的。[1]

那么,这种文明是怎么样的呢?维特根斯坦说:

我们的文明是被进步这个词所刻画的。进步是它的形式,而不是它的特征之一。它是典型构造性的。它的活动就是构造越来越复杂的结构。清晰性不过是达到这一目标

---

[1] 维特根斯坦,《论文化与价值》,楼巍译,上海人民出版社,2019年5月,第10—11页。

的手段，而不是目标本身。

与此相反，对我来说清晰性和透明性就是目标本身。

让我感兴趣的不是建起一座楼房，而是让所有可能的楼房的根基在我面前清晰可见。[1]

这些话已经很清楚地体现了维特根斯坦与自己所处时代和文明的不一致，以及不一致的原因，已经没必要再过多解释了。总之，我们可以将其理解为这样的两种对立：一是"用越来越复杂的结构和制度来掩盖自身在根基上的不清晰性的文明"与"对清晰性本身的追求"的对立；二是"人类在鱼龙混杂地追逐自己的目的（私利）的时代"与"一种伟大的文化将人类紧密地团结起来而形成一个有机体的时代"的对立。

这也是维特根斯坦的理想和所处的现实的对立。

3. 维特根斯坦著作的出版情况

维特根斯坦生前其实只出版一本书（外加一篇名为《一些关于逻辑形式的评论》的文章），那就是《逻辑哲学论》，其英德对照第一版出版于1922年。其他的书，都是他死后才出版的，都是后来的编者（他的三位亲密弟

---

[1] 维特根斯坦，《论文化与价值》，楼巍译，上海人民出版社，2019年5月，第11页。

第一讲

子)替他出版的。值得一提的是,《逻辑哲学论》的第一个外译本居然是中文版,我国的张申府先生在1927年就将其译成了中文,当时的书名叫作《名理论》。

我们可将市面上的著作大致分成这么四类:第一类,由维特根斯坦的弟子冯·赖特(Georg Henrik von Wright)从维特根斯坦的各种手稿中逐条挑选出来并整合在一起出版的,这些评论和哲学的关系不大,处理的是艺术、宗教、文学等话题,其中偶尔也包含一些有关自己生活的评论,它们就像是一些简短的文艺评论,这样的书只有一本,那就是《论文化与价值》;第二类,他人记录的课堂笔记或讲座笔记,比如《蓝皮书和棕皮书》;第三类,维特根斯坦的全部遗稿(Wittgenstein's Nachlass),由6张CD构成,需要在电脑上阅读,包含了他全部的手稿、打字稿、口述的笔记,由卑尔根大学维特根斯坦档案馆和牛津大学出版社于2000年出版,但这个对于大部分读者来说都过于专业了。

第四类,是数量最多的一种,是编者对他的手稿、打字稿加以挑选、编排、编辑,然后再成书出版的。这类著作的由来和他的写作特点密切相关,因为他不喜欢写结构完整的长文章,而总是在笔记本上写下一段段的评论。这些评论中的大多数可以按照它们处理的主题来归类。就这样,维特根斯坦在自己的笔记本上写下了很多评论,它们构成了他的所有手稿。在这些手稿的基础上,他曾让打字员制作过一些打字稿,在此过程中又不停地对原内容加以

第一讲

修改和编辑,其中最著名的就是第213号打字稿,即所谓的《大打字稿》。

除去这四类著作,维特根斯坦的其他文字几乎都被收录在《哲学场合》(*Philosophical Occasions*)一书中了。

维特根斯坦去世后,编者们首先出版了最为成熟的《哲学研究》(1953年),该书的第一部分是他亲自编辑过,已经形成打字稿,明确想要出版的。之后,编者对剩下的手稿和打字稿进行编辑和整理,使其他著作得以相继面世。这个过程无疑是漫长而痛苦的,以英国布莱克威尔(Basil Blackwell)出版公司出版的14本著作为例,从最初的《哲学研究》,到最后的《关于心理学哲学的最后著作第二卷》,中间间隔了40年。

顺便说一下,到目前为止,除了前面提到的全部遗稿,与《大打字稿》、《哲学场合》,以及另外几个讲座记录之外,维特根斯坦几乎所有的著作都有了中文版,有的书,比如《哲学研究》、《逻辑哲学论》、《论文化与价值》,已经有了很多个版本,在这里对这些中文版进行评价,是没有必要的。

维特根斯坦的大部分著作都是用德语写的,且大部分著作都有英译版,因此,我的建议是:如果能看英文,就直接看英文,如果要看中文版,自去翻检即可。

4. 本书的定位和作用

无论是在哲学界，还是在文化界，维特根斯坦都经常成为一个被谈论的热点，人们将他刻画成一个具有神秘主义倾向的怪才，并且主张他的名声就来自他那种谜一般的思想。

因此，总体说来，本书的任务就是要表明维特根斯坦的思想并不是谜，而是我们都可以理解的东西，只是我们需要去掉一些阻碍我们去理解它们的偏见（而且是思考方式上的偏见）。

具体说来，本书的目的是帮助读者理解维特根斯坦的一些主要命题和框架性观点。其中第二、第三、第四讲介绍他的早期思想，主要讨论《逻辑哲学论》这本书中的内容，以"语言图画说"、"语言和世界先天秩序"、"不可说和显示"为主要话题，第五、六、七、八讲介绍他的一些后期思想（其中也有对自己早期看法的批评），主要讨论《哲学研究》这本书中的一些话题，而且是曾经在学界引起较大争议、一度成为研究热点的话题，这些话题是"词语的意义问题"、"反本质主义"、"遵守规则的悖论"、"私人语言的问题"，第九讲以"驳斥罗素的'归纳原则'"为由头，粗略地刻画了维特根斯坦和罗素在思考方式上的区别（人们很关心维特根斯坦与罗素的所谓"恩怨"，其实二者之间并没有太多的恩怨，只是在人生态度和思考方式上有着极端深刻的区别），第十讲主要讨论维特根斯坦临死之前还在写的《论确定性》中的一些核心看法。

还有，本书引用的所有维特根斯坦的文本都是我翻译的，原文用斜体来表示对某些词语或句子的强调，本书用的是黑体。

第二讲

语言是世界的图画

第二讲

1. 李姐姐的故事

接下来,我们来谈谈维特根斯坦早期哲学,谈谈他的《逻辑哲学论》。

让我们先从一个微信段子出发吧,现在的家长真不好当,因为小学生的家庭作业实在太难了,比如下面这道语文题:

请把以下四句话用关联词连接起来:

(1)李姐姐瘫痪了。

(2)李姐姐顽强地学习。

(3)李姐姐学会了多门外语。

(4)李姐姐学会了针灸。

正确答案(老师心目中的答案)是:李姐姐虽然瘫痪了,但顽强地学习,不仅学会了多门外语,而且还学会了针灸。

结果有一个孩子写的是:(a)虽然李姐姐顽强地学会了针灸和多门外语,可她还是瘫痪了。

还有一个孩子写道:(b)李姐姐不但学会了外语,还学会了针灸,她那么顽强地学习,终于瘫痪了。

还有(c):李姐姐之所以瘫痪了,是因为顽强地学习,非但学会了多门外语,甚至学会了针灸。

以及(d):李姐姐是那么顽强地学习,不但学会了多门外语和针灸,最后还学会了瘫痪。

以及（e）：李姐姐学会了多门外语，学会了针灸，又在顽强地学习瘫痪。

我们可以从这个段子中引申出很多东西：

第一，这里有一个语言的"逻辑"问题。

很明显，除了那个正确答案之外，虽然听起来很离奇，（a）、（b）、（c）都是有意义的，但是（d）和（e）是无意义的。为什么呢？因为"学习瘫痪"这个词语组合或者表达式是不合逻辑的，人们可以学习去面对瘫痪，学习瘫痪后如何打发时间，如何调整心态，却无法去"学习"瘫痪，正如我们可以学习如何更好地面对死亡，却无法去"学习"死亡。

这么说吧，我们的语言是有"逻辑"的（但这时我们先不要问"什么是语言的逻辑"这样的终极问题），其证明就是：一旦出现了违背逻辑的语言表达或用法，我们知道它们是不合逻辑的。举个例子，很小的孩子常常指着一个东西问你："这是什么？"假设一个孩子指着一个不太常见的水果，比如番石榴，问你："这是什么？"你回答说："这是番石榴。"到这里一切都没有问题，但是设想孩子继续真诚地问道："这是什么番石榴？"此时你很可能不知道该如何回答了，你会想：番石榴就是番石榴嘛！又比如你不想出门，就对孩子说："我想在家里待着。"如果孩子说："不！你不想！"你可能会觉得很搞笑，此时你其实是觉得这种语言的用法很搞笑，这时我们似乎可以说（虽然这样说也是很搞笑的，因为孩子还没有完全掌

第二讲

握语言的用法,我们其实不能怪他们的):孩子的话"违背了语言的逻辑"。

反过来说,我们成年人都掌握了语言的用法,能够正确地使用词语,能够说出有意义的句子,能够用语言交流、写东西,做很多事情(比如叫人下楼做核酸)……一句话,我们都能够进行日常的语言活动而不违背语言的逻辑,这已经说明我们的语言是有逻辑的,只是一般情况下我们不会想到这回事罢了。

第二,有意义的命题所描述的情况是可能的。

回到刚才的例子,虽然听上去有点离奇,但努力学习把自己学瘫痪了,即(b)和(c),也是可能的。但(d)和(e)是不可能的,这首先在于这两个命题包含了不合逻辑的表达式。

当我们说(d)和(e)不可能的时候,我们其实也可以换个说法,说(d)和(e)这两个句子是无意义的。换言之,一个句子是无意义的,和这个句子描述的事态是不可能的,两者好像是一回事。一个句子有意义,和这个句子描述的事态是可能的,两者也是一回事。

于是我们有了这样一个结论:有意义的句子对应着可能的事态。如果语言是有意义的句子的总和,世界是可能的事态的总和,那么语言和世界都是有一个界限的(无意义的句子和不可能的事态都在界限之外),而语言的界限恰恰就是世界的界限(反之亦然)。世界的界限之外就是不可能的东西,我们也可以说世界的界限之外是无法想象的东西，这样的东西压根就不可能存在（问问自己，"圆的方"有可能存在吗？）。这里甚至连"东西"这个词都是不准确的，因为"东西"这个词预设着它毕竟还是存在或者有可能存在的。

第三，句子和事态处于一种"描画"关系中。

句子是句子，事态是事态，句子是属于语言的，事态是属于世界的，它们是两种东西。假如真有李姐姐这个人，这个人真的瘫痪了，那么这是一个存在的事态，或者说是一个事实，此时"李姐姐瘫痪了"这个句子是真的，所以，往大处说，语言和世界，往小处说，句子和事态，往现实层面说，真的句子和事实，处于一种特殊的关系中，那就是"描画"关系。

这种"描画"关系的本质首先就在于句子和事实是两种不同的东西，"李姐姐瘫痪了"这个句子是一些符号，李姐姐瘫痪了这个事实却是一个有血有肉的人躺在床上不能动弹了，就像乐谱也是一些符号，而唱出来的旋律却是真实存在的声响，二者是完全不一样的。

但是，一方面是语言，一方面是世界，我们一旦理解了前者，也就知道了后者是怎么样的，一旦理解了"李姐姐瘫痪了"这句话，我们也就知道世界中可能发生了什么，正如能读乐谱的人一下子就知道旋律是怎么样的，就能把旋律唱出来。同样道理，通过别人的描述、报告，我们立刻知道了世界各地发生了什么事情；我们自己也可以用句子向别人描述身边的情况，让别人知道我们身边发生

第二讲

了什么；如果别人的话只是一个猜测（"我觉得他口袋里藏了两颗糖"），那么我们也能够自己去搞清楚情况到底是不是这样的。

我们这些听起来十分琐碎、不值一提的能力，都建立在我们能够毫不费力地运用和理解语言，能够毫不费力地从语言过渡到世界以及从世界过渡到语言的基础之上。我们几乎不会想到这一点，是因为它太平凡了。试想一下，要是没有语言，没有语言对世界的这种"描画"关系，那么我们永远不能回答诸如"世界是怎么样的"、"情况是怎么样的"这样的问题，而且甚至连这样的问题也不可能出现，因为这些问题本身也是一些句子，于是"世界是怎么样的"这个问题彻底失去了意义，那么，在世界那一面还剩下什么呢？可能只是一片空白罢了，"世界"变成了一个空虚的概念。在这层意义上，我们甚至可以说世界是依赖于语言的。

总之，语言和世界处于一种"描画"关系中，语言不同于世界（乐谱不同于旋律），但我们可以把语言"翻译成"世界（把乐谱翻译成旋律），也可以把世界"翻译成"语言（把旋律翻译成乐谱）。

第四，我们似乎可以区分出基本的句子和复杂的句子。

在这里，我们可以区分出基本的句子，那就是"李姐姐瘫痪"、"李姐姐顽强地学习"、"李姐姐学会了多门外语"、"李姐姐学会了针灸"。于是我们可以把复杂的句子视为是由更加基本的句子借助一些"钩子"（"不仅……而且……"、"虽然……可是……"、"非但……甚至……")联结起来的。

很明显,这些"钩子"是相对固定的,它们还可以与其他基本的句子组合起来,去说其他的事情(比如可以用来说发生在另一个姐姐身上的事情)。

2. 为思想划界

理解了李姐姐的故事,我们也就理解了维特根斯坦在《逻辑哲学论》中提出的关于语言的很多看法,只不过《逻辑哲学论》中提到的语言是一种技术化、专门化的语言(即所谓的基本命题的总和,我们后面会谈到的)。早期维特根斯坦相信所有的日常语言原则上都可以被分析成这种专门的语言。

维特根斯坦在1918年8月完成了《逻辑哲学论》这本书,但该书的正式出版是1921年,其德文版发表在奥斯瓦尔德(Wilhelm Ostwald)主编的杂志《自然哲学年鉴》(*Annalen der Naturphilosophie*)上。实际上,要不是名气很大的罗素为这本书写了一个长长的导言,奥斯瓦尔德本来也不想出版这本书的。不过维特根斯坦对这个德文版以及罗素的导言评价颇低。为人熟知的版本是1922年出版的英文版(同样带有罗素的导言),这个英译本是维特根斯坦自己和译者奥格登(C. K. Ogden)一起合作的结果。

这本书采用了一种十分奇特的形式,那就是格言体,

第二讲

几乎每段话都很短。全书包含七个主干命题,这几个命题是[1]:

1、世界是实际所是的一切。

2、实际所是,即事实,是事态的存在。

3、事实的逻辑图画是思想。

4、思想是有意义的命题。

5、命题是基本命题的真值函数。

6、真值函数的一般形式是$[\bar{p}, \bar{\xi}, N(\bar{\xi})]$。这是命题的一般形式。

7、对于不可说的东西,人们必须保持沉默。

光看到这七个命题,大部分人可能会一头雾水,不过不要着急,我相信这种感觉接下来会消失的,也相信大家会基本理解这七个主干命题。总之,其他所有的命题都是对这七个命题的评论或者评论的评论(最后一个命题只有一句话,所以没有评论),我们以第一个命题"世界是实际所是的一切"为例,这个命题的编号是1,接下来的1.1是"世界是事实的总和,而不是物的总和",这是对1的评论。接下来的1.11是"世界被这些事实以及这些是所有的事实所确定",这是对1.1的第1个评论,接下来的1.12则是对1.1的第2个评论,以此类推。有时候,这些评论的评论会达到小数点后面5位数,比如6.36311,那

---

[1] 顺便说一下,接下来引用的《逻辑哲学论》中的文本均是我翻译的。

其实是对编号为6的命题的第3个评论的第6个评论的第3个评论的第1个评论的又1个评论。

顺便说一下，2021年出了一个英文版的《逻辑哲学论》百年纪念版（Centenary Edition），编者们反对将这本书当作可以按照顺序一路读下来的一般性著作，而是主张应该先按照层级把相同层级的段落放在一起读完，然后继续按照顺序读下一级的相同层级。举个例子就明白了，比如要先读完4，再读4.1和4.2直到4.5（它们是对4的所有评论），再读4.11，4.12（它们是对4.1的所有评论），再读4.111、4.112直到4.116（它们是对4.11的所有评论），以此类推，我们可以将其理解为从树干读到树枝再按照顺序读完每一根树枝的分支。编者们主张这个标号系统就应该这样读，只有这样，人们才能真正读懂《逻辑哲学论》。

但是《逻辑哲学论》中的很多思想实在太费解了，100年过去了，很多细节似乎至今尚未搞清楚。我觉得，在未来很长一段时间中，这些关于细节的不清晰性可能会在学界继续下去了。

但是，这本书无疑又是十分重要的，维特根斯坦研究的权威学者哈克（P. M. S. Hacker）曾说过："《逻辑哲学论》给了分析哲学一个它以前从未有过的语言学方向。"[1]《逻辑哲学论》研究的专家布莱克（Max Black）

---

[1] P. M. S. Hacker, *Wittgenstein's Place in Twentieth Century Analytic Philosophy*, Blackwell, 1996, p.38.

第二讲

说过:"要恰当地理解维特根斯坦的后期著作,就必须彻底理解《逻辑哲学论》。"[1] 布莱克所说的"后期著作"指的是《哲学研究》。

在这里,我们就先从维特根斯坦写作本书的一个重要目的说起。这个目的就是:为思想划界。或者也可以说是:为语言划界。在《逻辑哲学论》的前言中,维特根斯坦说:"本书将为思想划定一个界限,或者不是给思想,而是给思想的表达划一个界限;因为,为了给思想划界,我们得能够思考这个界限的两边(因此我们得能够思考不能被思考的东西)。"[2]

维特根斯坦说自己想要"给思想划一个界限",但立刻收回了这句话,因为,为了给任何一个区域划一个界限,你得知道哪些区域构成了界限的这一边,哪些区域构成了界限的另一边,因此,为了定位出"另一边",你得去触碰或者去思考那些不可思考的东西,而这本身就是一个悖论。因此,思想的界限只能在思想的表达即语言中被划定,这是因为无意义的语言表达是存在的(如"房间里有一张方的圆桌子"),它不像不可思考的东西那样本身就是空无。

给语言划界就是给世界划界,因为语言是世界的图

---

[1] M. Black, *A Companion to Wittgenstein's 'Tractatus'*, Cornell Universty Press, 1964, p.2.
[2] Wittgenstein, *Tractatus Logico-Philosophicus*, Routledge & Kegan Paul, 1961, Preface.

画，二者处于一种完善的对应关系中，这就是所谓的"语言图画说"。

3. 语言图画说

在《逻辑哲学论》中，维特根斯坦说语言是图画（或模型，二者的区别仅在于一个是二维一个是三维的），他的意思并不是语言"像"图画，而是语言就"是"图画。

有人可能会觉得这个观点不可接受，图画是图画，语言是语言，二者肯定是不一样的。（此时我们可以想一想象形文字。）现在我们来论证一下为什么维特根斯坦要说语言就"是"图画。

首先，图画的特点就是当我们看到一张图画就看懂了它说了什么或者它描画了什么，而这恰恰也是语言的特点，我们一看到"床上有一只猫"这个命题，就知道如果这个命题为真那么房间里的真实情况会是怎么样的，而且也知道什么情况下这个命题会为假，甚至是那些我们从未见过的命题，比如"朱丽叶爱化妆品"（这个命题大家以前没见过吧？），我们也知道它描画的是一个什么样的情况，知道如果它为真情况会是怎么样的。用维特根斯坦的话说就是："命题是实在的一幅图画，因为，如果我理解它，那么我就知道它描绘的那个情况。我在命题的意义没

第二讲

有解释给我的情况下理解了这个命题。"[1]

其次,命题和图画一样是有其特定结构的,而且一旦这结构被改变那么命题和图画的意义就彻底改变了。设想有这样一幅图,里面有一张床,床上趴着一只猫,我们可以说这幅图由一张床和一只猫这两个"元素"构成,如果猫在床上,那么这幅图说的是一个情况,如果猫在床下,那么这幅图说的是另一个情况,因为结构变了。同样道理,"鲁迅爱海婴"(我们知道鲁迅是很爱海婴的),让我们假设这个命题由三个元素,即"鲁迅"、"爱"、"海婴"构成,那么很明显"鲁迅+爱+海婴"这样的排列所刻画的情况完全不同于"海婴+爱+鲁迅"这样的排列所刻画的情况。

这当然又是图画和命题的共同之处。对此,维特根斯坦说了一段很晦涩的话:"不是'aRb'这个复杂符号说了 a 和 b 处于 R 关系中,而是'a'和'b'处于某种关系中这个**事实**说了'aRb'这个**事实**。"[2]

把"a"变成"鲁迅"这个词,"R"变成"爱"这个词,"b"变成"海婴"这个词,那么一切就都清楚了。"鲁迅"这个词和"海婴"这个词处于"一个在'爱'这个词的左边,一个在右边"这个特定的关系,才表达了鲁

---

[1] Wittgenstein, *Tractatus Logico-Philosophicus*, Routledge & Kegan Paul, 1961, 4.021.
[2] Wittgenstein, *Tractatus Logico-Philosophicus*, Routledge & Kegan Paul, 1961, 3.1432.

迅爱海婴这个事实，如果不是这个关系，那么一切都不一样了，如果是"爱"这个词在"鲁迅"这个词的左边而"海婴"这个词在"鲁迅"这个词的右边，那么这可能就是一个无意义的病句了（我们不知道它说了什么）。这么说吧，图画由元素以一种特定的方式构成，我们可以说这种特定的构成方式就构成了一个事实，想象我把一只微缩的模型猫放在一张微缩的模型床上，这样就构成了一个事实，但三维猫（模型猫）和二维猫（猫的图画）和"猫"这个词本质上并没有什么区别，在各自组成的模型、图画和命题中，它们都与其他元素构成了一个具有特定结构并且不可更改的事实。

说了那么多，也许大家已经接受"语言是图画"这一观点，但这里仍然有这样一个问题：这个说法到底是要干什么呢？维特根斯坦为什么要这样说呢？好吧，这是一个漫长的故事。

在日常生活中，我们会说"我希望床上有一只猫"，"我相信我的孩子能考上大学"，"我相信明天是个晴天"，这时我们所希望、所主张的事态并没有真正到来，可以说它们还是空无，那么我们没在希望什么？我们没在主张什么吗？让我们换一个更有哲学味的词——思考，我完全可以思考一匹有着人的头的马（人头马），思考一座金山，但我们都知道人头马和金山并不存在，那么我思考的对象是空无？什么都没有？那么我还在思考吗？说我在思考但思考的对象却是一个"无"，这难道不是一个悖论

第二讲

吗？这就相当于说我在思考又没在思考。

如果有人觉得人头马、金山这样的例子有点鬼扯，那么就回到"鲁迅爱海婴"和"海婴爱鲁迅"这两个命题吧。假设我在思考"鲁迅爱海婴"，那么我思考的对象是一个存在的事实，因为鲁迅实际上是很爱海婴的，这一点读过书的人都知道，这是没问题的，但现在假设我思考的是"海婴爱鲁迅"，但也许海婴不爱鲁迅，那么小的孩子可能并不懂得爱，这个事实不存在，那么我思考的对象是什么呢？我们又回到那个难题。

罗素曾为此绞尽了脑汁，他的理论是当我思考"海婴爱鲁迅"的时候，这种关系应该被还原成"我的心灵"（思考的主体当然是心灵，这是大多数人的看法）和"鲁迅、爱、海婴"这三个构成性元素的关系，这个理论被称为"多重判断理论"（multiple theory of judgement）。判断也是一种思考，请理解这一点。按照罗素的理论，判断或思考是我们的心灵与这三个元素处于一种特定的关系中，我们知道鲁迅、爱和海婴这三个元素是存在的，这似乎保证了我的判断或思考是有对象的。但这是不够的，按照罗素的理论，我完全可以去判断或思考"爱鲁迅海婴"（我的对象还是这么三个），而这是一个毫无意义的东西。对此，维特根斯坦的批评道："对'A 判断 p'这种形式的命题的正确解释必须表明判断一个无意义是不可

第二讲

的。(罗素的理论并未满足这一条件)。"[1]

罗素后来又加了一个东西,那就是逻辑形式,就我们当下的例子而言,涉及的是"aRb"这个逻辑形式。我判断、思考的必须是 a 这个东西和 b 这个东西处于一种名为 R 的关系中(aRb),这样避免了"爱鲁迅海婴"这样的"无意义",但问题还是有的,因为,即使有了逻辑形式,即使我的判断被还原成了"我的心灵、三个元素和一个逻辑形式",那么我又该如何区分开我关于"鲁迅爱海婴"和关于"海婴爱鲁迅"的判断呢?因为"鲁迅爱海婴"和"海婴爱鲁迅"的逻辑形式是一样的(都是"aRb"),两个判断由"同一个心灵、同样三个元素和同一个逻辑形式"构成。

这里就不说罗素了,让我们先回到思考的对象这一话题吧。

据说,维特根斯坦曾在一张报纸上看到法国巴黎的某个法庭用汽车模型来还原当时某次撞车的真实场景,他立刻想到那几个汽车模型不但可以还原或描画真实的撞车场景,还可以描画任何一个**可能的**撞车场景。我们一看到那些模型的摆设,立刻(根本不需要别人来解释)就把握到了它的"意义",立刻就知道如果世界上真的发生这样的事故情况会是怎么样的,如果这个模型声称是在刻画一个

---

[1] Wittgenstein, *Tractatus Logico-Philosophicus*, Routledge & Kegan Paul, 1961, 5.5422.

第二讲

真实的、已经发生的撞车场景,我们通过将二者加以比较立刻就知道这个模型是真的还是假的。

受到模型的启迪,我们可以设想在维特根斯坦那里所有这些思想最终凝结成了这样一个看法:我们思考的对象并不是世界中的真实发生的事实,而是可能存在的情况或者说可能发生的事实(二者是一回事),它必定是可能存在的,换言之就是它一定有可能变成现实(就像可能的撞车场景),而不是像"圆的方"那样既不可能存在也不可能变成现实(可以说"圆的方"是不合逻辑的)。

这么说吧,我们思考的对象既不是真实存在的情况(已发生的事实),也不是不合逻辑的、不可能发生的情况,而是介于二者之间的一个可能变成真实情况的可能性领域(由可能的事实构成),这不是折中主义,而是对"我们思考的对象是什么"这一问题的解答。

思考的对象是可能的事实,这意味着:一方面,思想,作为思考的结果,是这些可能的事实的图画,正如汽车模型是可能的撞车场景的模型;另一方面,"思想在命题中以感官可以把握的方式得到表达"[1],适合思想的,也适合语言,正如任何一个汽车模型总是某一个可能的撞车场景的模型,有意义的命题也总是可能的事实的图画。

而这就是"语言图画说"的基本内涵。

---

[1] Wittgenstein, *Tractatus Logico-Philosophicus*, Routledge & Kegan Paul, 1961, 3.1.

4. 基本命题和基本事态

我们前面在讲李姐姐的故事的时候谈到了"基本的句子",这是一个十分随意的说法,维特根斯坦在《逻辑哲学论》中谈到的是基本命题。"命题是实在的一幅图画",语言是世界的图画,但与语言处于描画关系中的世界不仅是现实的世界,不仅是已发生的事实的总和,而是所有可能的事实(它们"能够成为现实"这一点是必然的)的总和。我们接下来提到的"世界"就是这样的东西,语言与这样的世界处于描画关系中,有意义的命题所描画的情况都是可能的[1]。

那么,语言和世界的基本单位是什么呢?

《逻辑哲学论》中的语言和世界处于一种紧密关联的关系中,任何关于语言的洞察都有其世界那一面的相应的重要意义。很明显,如果语言的基本单位是一个个的词语,那么世界的基本单位就应该是与词语相对应的一个个的物,比如"太阳"这个词对应着太阳这颗恒星,但这是不对的。从静态的角度来看,语言的基本单位好像是一个个词语(类似单词表这样的东西),但真是这样吗?我们每天都在使用语言,我们所使用的语言的基本单位真是

---

[1] 我不想引入"可能世界"这个术语,它给人一种"除了现实世界之外,还有另一个可能的世界"("除了地球之外,还有另一个可能的地球")的感觉。《逻辑哲学论》所说的世界是种种可能的情况或可能的事实的总和,没有所谓的"另一个世界"了。

第二讲

词语吗？你可以在生活中试试只说一个个的词语而不说句子！你会发现这是不行的。

一旦我们更切近地查看语言，就会发现语言的基本单位不是词语，而是句子或者说命题，既然这样，那么世界那一面的基本单位肯定不是一个个的物，而是与命题相对应的东西，即一个个的可能的事实。以一种更专业化、更严格的方式，《逻辑哲学论》主张语言的基本单位是"基本命题"，世界的基本单位是"基本事态"。顺便说一下，基本事态的英译其实是 state of affairs，一般翻译成"事态"，我加了"基本"二字，以表二者的平行关系。

于是一个基本命题就描画一个基本事态。基本事态是可能的事实，它一定是有可能存在，有可能成为事实的，如果它真的存在，那么我们有了一个事实（此时基本命题为真），事实首先是存在的基本事态或基本事态的存在，"实际所是，即事实，是事态的存在"[1]。因此，现实世界的基本单位是事实，"世界是事实的总和，而不是物的总和"[2]，这个"世界"指的就是现实世界。在这个意义上，"世界是实际所是的一切"[3]。维特根斯坦的这种看法完全不同于传统哲学的看法，后者总是主张世界是由一

---

[1] Wittgenstein, *Tractatus Logico-Philosophicus*, Routledge & Kegan Paul, 1961, 2.
[2] Wittgenstein, *Tractatus Logico-Philosophicus*, Routledge & Kegan Paul, 1961, 1.1.
[3] Wittgenstein, *Tractatus Logico-Philosophicus*, Routledge & Kegan Paul, 1961, 1.

第二讲

个个的物（万物）构成的。

顺便说一下，前面这一节用到了《逻辑哲学论》的第一、第二个主干命题，它们现在应该是可以被理解的了。

当然，我们刚才是从语言或语言使用的基本单位来推导出世界的基本单位是基本事态的，其实我们在李姐姐的故事中已经论述了这个看法。世界就是我们可以有意义地去想和说"它是怎么样的"的那个世界。比如，假设世界是一个房间，那么我们当然可以有意义地去想和说这个房间是怎么样的。房间是怎么样的呢？比如"靠墙摆着一张桌子，桌子上蹲着一只猫、猫是黑色的"……很明显，为了说清楚"是怎么样的"，我们必须使用命题，因此，在这种描画关系中，命题是语言的基本单位，而那个我们无法用命题来说"是怎么样的"的世界，那个我们无法去想和说的世界，当然是一片空白，也只能是一片空白。

可以说维特根斯坦持一种"原子主义"的看法，那就是主张世界的基本单位（即原子）是基本事态，"全部存在的基本事态就是世界"[1]，这个"世界"仍然是现实世界。我们可以把世界比喻成一个矩形的方阵，里面是一排排的小灯泡，假设灯泡的数量是有限的，灯泡只有两种可能的状态，要么亮，要么灭，假设这些灯泡就是基本事态，当一个灯泡亮的时候，基本事态存在，我们有了一个

---

[1] Wittgenstein, *Tractatus Logico-Philosophicus*, Routledge & Kegan Paul, 1961, 2.04.

第二讲

事实,灯泡灭的情况对应着基本事态不存在,只是停留在可能性领域,于是某个特定的时间点上这个方阵中每一个灯泡的亮和灭的状态就是世界在此时的现实状态。

好吧,一方面是基本命题,一方面是基本事态,前者是后者的图画,我们理解了前者,也就知道了如果前者为真那么世界那一边的情况会是怎么样的。现在,我们来问一个更深刻的问题:语言和世界处于完善的描画关系中,任何一个可能的思想都对应一个可能的事实,任何一个有意义的命题都描画一个可能的事实,任何一个基本命题都描画一个基本事态,那么,这是如何可能的呢?

我们知道,几个汽车模型的任何一种配置都可以描画一种可能成为现实的撞车场景,模型和可能的撞车场景处于一种完善的描画关系中。为了使其成为可能,有两个条件要得到满足:一是每辆模型汽车都代表着一辆真实存在的汽车,二是三维空间这种特殊的形式使得两辆模型汽车的每一种配置都天然地描画了两辆真实汽车的一种可能成为现实的撞车场景。

那么语言是如何满足这两个条件的呢?

第三讲

语言和世界的先天秩序

第三讲

1. 对象

本节我们继续前面的讨论，汽车模型和可能的撞车场景处于一种完善的描画关系中，这个描画系统的成立要满足前面提到的那两个条件，这两个条件的满足使得任何的模型都是**关于**现实中可能存在的撞车场景的模型，二者的必然联系就这样被建立起来了，那么，语言的情况呢？

维特根斯坦的想法很简单，为了让语言成为**关于**世界的图画，为了建立语言和世界的必然联系，我们首先需要在语言中找到类似汽车模型那样的东西，在世界中找到类似真实汽车那样的东西。其次，前面也说了，使得模型的可能配置和汽车的可能的撞车场景一一对应起来的乃是"空间形式"，因为大家都是三维的东西，所以任何两个三维的汽车模型都可以表现同样三维的真实汽车相撞的场景，比如是追尾了，还是一辆把另一辆撞成了侧翻，撞击的角度是怎么样的，诸如此类，既然这样，那么语言中应该也有与这个"空间形式"相对应的东西。

《逻辑哲学论》提供的答案清澈而简单：语言中与汽车模型相类似的是名称，世界中与真实汽车相类似的是对象。基本命题直接由名称构成，基本事态直接由对象构成（"直接"的意思是不借助任何其他关联物，而是像一条链条的各个环节一样直接衔接在一起），使得二者具有相同可能性的，换言之就是使得名称和名称的一种可能配置总是可以描画对象与对象的一种可能配置的，就是逻辑。

第三讲

我们已经从汽车模型的例子中得出很多与语言有关的重要结论了,这些结论必然也适用于世界,可以说早期维特根斯坦把语言学和本体论(ontology)紧密地联系了起来,使它们形成了一种绝对对称的关系。

我们遇到了一个哲学概念——"本体论"。

什么是"本体论"?和任何一个哲学术语一样,这个词是很难定义的。为了理解一个哲学术语,你得了解这个术语出现于其中的那些哲学系统。在这里,我不打算涉及这个词在古代哲学中的用法,而只想把这个词限定在《逻辑哲学论》中,来挂一漏万地解释一下:本体论是这样一种哲学的追问,它首先要搞清楚我们日常的经验世界是怎么样的,其次还要穿透它,继续考察经验世界背后的真实结构是什么,以及构成这个世界的真正实体是什么[1]。很明显,既然要考察经验世界背后的东西,那么这些结构和实体光靠我们的日常经验当然是不可能求取到的。

假如基本事态就是经验世界层面(更准确地说是可能的经验世界层面)的东西,那么它背后的实体就是对象,"基本事态是对象的结合"[2],而所谓的结构,就是对象和对象结合的方式,"对象在基本事态中结合的方式就是

---

[1] 哲学不是科学,但我们可以用科学来做个类比。经验告诉你水是凉凉的(如果没被烧开的话),是流动的,是透明的,是没有味道的,但是科学告诉它本质上其实是一堆水分子,水分子是有其结构的,构成这个结构的是两个氢原子一个氧原子。
[2] Wittgenstein, *Tractatus Logico-Philosophicus*, Routledge & Kegan Paul, 1961, 2.01.

基本事态的结构"[1]。

对象是必然存在的。前面已经说了,世界的基本单位是基本事态,基本事态要么存在,要么不存在,这是偶然的,但所有可能的基本事态都是由对象结合、配置而成。这就有了一种积木法则,孩子们可以用积木搭成各种各样的建筑,但积木就是那么一副,房屋们可以被踢翻、重建,但积木保持不变。每个可能的建筑都类似一个基本事态,它可以被搭出来,也可以不被搭出来,这是偶然的,但给定了那副积木以后,它"有可能被搭出来"这一点却是必然的。每一块积木都类似一个对象,它们不可能不存在,因为没有它们也就不可能有任何的建筑了。在这个意义上,维特根斯坦说:"对象构成了世界的实体。"[2]

同样在这个意义上,我们还可以讨论**世界的全体**,因为全部的建筑的可能性,作为被几块或多块积木以各种不同的方式构造出来的东西的可能性,其实已经在积木中被给定了,"如果所有的对象被给定了,那么所有**可能**的基本事态也被给定了"[3],"对象们构成了所有基本事态的可能性"[4]。

---

[1] Wittgenstein, *Tractatus Logico-Philosophicus*, Routledge & Kegan Paul, 1961, 2.032.
[2] Wittgenstein, *Tractatus Logico-Philosophicus*, Routledge & Kegan Paul, 1961, 2.021.
[3] Wittgenstein, *Tractatus Logico-Philosophicus*, Routledge & Kegan Paul, 1961, 2.0124.
[4] Wittgenstein, *Tractatus Logico-Philosophicus*, Routledge & Kegan Paul, 1961, 2.014.

第三讲

继续使用积木的比喻，让我们假设每一块积木都是独一无二的（不存在两块一模一样的积木），现在让我们说：任何一块积木都有其内容和形式。它的"内容"就是它身上使它和其他积木区别开的东西，它的"形式"就是它出现在任何一个建筑中的可能性，其实也就是它和其他积木结合的可能性（它必须和其他一块或几块积木结合才能搭成一个建筑，积木本身不能是建筑）。从这里我们已经可以看到"形式"（form）这个概念在《逻辑哲学论》中的重要地位了，因为世界（建筑）的全部可能性之所以取决于对象（积木），不仅仅在于对象的内容，更重要的是对象的形式即对象和其他对象配置、结合的可能性。没有结合的可能性，就没有基本事态，也就没有世界。

如果接下来我们遇到"世界、实在的（逻辑）形式"这样的术语，那么请记住这句话的意思就是世界和实在的全部可能性，如果说世界、实在和语言具有共同的逻辑形式，那么这句话的意思就是世界、实在和语言有着共同的可能性。总之，"形式"要和"可能性"联系在一起理解。

现在让我们来问问维特根斯坦：为什么必须要有对象呢？如果不存在那种作为实体的对象，那又怎么样呢？

维特根斯坦的答案是：如果不存在对象，那么我们就无法用语言去描画世界了，或者说我们的语言就没有意义了（命题没有意义＝命题未描画任何东西）。而我们实际上可以用语言去描画世界（这一直是我们讨论的出发点），所以对象必须存在。这是一个反证法。

假设有两个对象，a 和 b，它们直接构成的基本事态是 ab，这里的"a"和"b"其实是这两个对象各自的名称，而"ab"其实是一个基本命题，描画了一个基本事态。如果 a 和 b 有不存在的可能，那么"a"和"b"这两个名称就有可能因为没有东西与之相对应而没有意义，这个命题也就有可能没有意义。为了让它有意义，我们得先确定 a 和 b 这两个对象的存在，即确定"a 和 b 存在"这个命题为真，于是"ab"这个基本命题是否有意义就取决于"a 和 b 存在"这个命题的"为真"了，"如果世界没有实体，那么一个命题是否具有意义就依赖于另一个命题是否为真"[1]。但一个命题得先有意义，才有可能成为真命题，意义先于真假，没有意义的命题，我们怎能理解它，又怎能判断其真假呢？那么，"a 和 b 存在"这个命题有没有意义呢？但它的情况和"ab"是一样的，为了让"a 和 b 存在"有意义，我们还是得先去确定"a 和 b 存在"为真，这就是真假先于意义，是早期维特根斯坦不能接受的。

所以必须要有对象，这保证了与对象相对应的名称不会没有意义，保证了由名称结合成的基本命题有意义，保证了意义先于真假，保证我们可以用语言去描画世界。

---

[1] Wittgenstein, *Tractatus Logico-Philosophicus*, Routledge & Kegan Paul, 1961, 2.0211.

那么，为什么对象必须是简单的，是不能被继续分析的呢？

让我们继续使用积木的类比。在积木和建筑的关系中，对象（积木）一定是最简单的，如果一块积木仍由其他积木构成，那么前一个积木就仍然是建筑而不是积木，如此拆解、分析，我们总要找到那个最简单的东西即积木的，如果找不到，如果这种分析、拆解要永远继续下去，那么简单说来这就不是一副真正的积木，而是一个用来诓骗小孩的玩意儿。这一点也适用于对象。如果对象不是最简单的，那么它就是一个由更小的单位复合起来的东西，那么我们得继续分析了，但分析总要有一个尽头，而尽头处一定是最简单的对象。

那么，什么是对象呢？前面都是在抽象的层面上谈论对象，那么我们能不能给出一个对象的例子呢？

我们在这里遇到了理解《逻辑哲学论》的一个最大的难题，那就是文中几乎没有例子，维特根斯坦的思考几乎都是在抽象和思辨层面上运作的。思想好像腾空而起，完全不顾并且超越了具体的经验和实例，思想似乎只遵循思想本身的路线而行进。此时我们可以来看一段维特根斯坦自己的话：

简单物的观念似乎已经被发现包含在复杂物和分析的观念之中了，我们是在脱离任何简单对象的例子或任何提到简单对象的命题的例子的情况下得到这个观念的，而且我们——先天地——认识到简单对象的存在，作为一种逻

第三讲

辑的必然。[1]

不过，有一点是确定的，我们日常意义上具体的对象，比如眼前的一张桌子，一个特定的人，都不可能是这里谈到的对象。日常对象不可能是简单的（桌子总由桌腿和桌面构成），也不可能是必然存在的实体，比如任何一个人都是偶然存在，并且总是要死的。

在一种猜测的意义上，与其说《逻辑哲学论》中的对象是那些日常意义上的对象或物品，倒不如说是构成这些物品的性质。比如"圆"（roundness）、"红"（redness）。我认为只有这样的对象才符合《逻辑哲学论》对"对象"的刻画。因为，我们在做哲学的时候总会把一个具体的物品视为它的诸多性质的结合。我们身边的任何一个物品，至少总是有颜色和形状的吧。比如视域中的一个红色圆点，就可以说是由"红"加"圆"这两个对象构成的。

似乎只有这样的对象才符合《逻辑哲学论》对"对象"的刻画。

首先，让我们问问自己，红这种性质本身，换言之就是不与其他性质结合成基本事态的性质本身，换言之就是独立存在的红本身，我们能够去设想吗？我们能够设想

---

[1] Wittgenstein, *Tractatus Logico-Philosophicus* Centenary Edition, Anthem Press, 2021, p.259.

的，难道不都是一个个具体的红色的东西吗？即使是一块红色色样，也是一件摆在面前的具体的红色的东西，而不是红这种性质本身。具体的红色的东西其实都是两个或两个以上的对象的结合，比如视域中的一个红点总是红和某个"形状对象"（比如方）的结合，其实都是基本事态。所以，维特根斯坦把对象牢牢固定在了与其他对象的联结中，"我们不能脱离与其他对象的联结的可能性来设想**任何一个**对象"[1]。

其次，性质本身是不可能"有任何性质的"，任何一个"有性质的东西"其实都是具体的东西，因此都是对象结合的产物（请理解这一点）。比如视域中的一个红色圆点，我们可以说"这个圆点是红色的"，但却不能说"红是红色的"，任何一个"有性质的东西"都是"对象的配置所形成的"[2]，这就意味着对象本身不可能有任何性质，比如我们不可能说"红是 X 色的"（X 可代表任何一种颜色名称）。用维特根斯坦自己的话说就是："对象是无色的。"[3]

再次，对象可以有完全相同的形式，比如"红"和"绿"，在"红"这个对象可以与其他对象（比如"圆"

---

[1] Wittgenstein, *Tractatus Logico-Philosophicus*, Routledge & Kegan Paul, 1961, 2.0121.
[2] Wittgenstein, *Tractatus Logico-Philosophicus*, Routledge & Kegan Paul, 1961, 2.0231.
[3] Wittgenstein, *Tractatus Logico-Philosophicus*, Routledge & Kegan Paul, 1961, 2.0232.

或"方")相结合的地方,"绿"这个对象都可以取而代之,因此两个对象的"形式"(与其他对象结合的可能性)可以是完全一样的。那么,它们的区别是什么呢?我们其实说不出它们的区别。问问自己:我们能**说出**"红"这个对象和"绿"这个对象的区别吗?(这一点我们以后在谈到"不可说"的时候还会谈到的。)对此,维特根斯坦说道:"两个具有相同逻辑形式的对象的区别仅仅在于它们就是不同的。"[1] 这句话貌似故作高深,其实意思是清晰的。

2. 名称

汽车模型构成的模型场面和真实汽车相撞的真实场面的关联似乎是不言自明的,但语言的情况似乎没那么清晰,为了建立语言和世界的那种必然的关联,为了让我们的语言一定都是关于世界的语言,我们前面已经找到了必然存在的对象。

在语言这一面,与对象相对应的是名称。有必要刻画一下名称。

基本命题是直接由名称构成的,因为名称与对象相对应,而对象一定是存在的,所以任何一个基本命题都描画

---

[1] Wittgenstein, *Tractatus Logico-Philosophicus*, Routledge & Kegan Paul, 1961, 2.0233.

了一个基本事态。在任何一个基本命题中,名称的数量一定等于它刻画的基本事态中的对象的数量,这种命题被维特根斯坦称为是"完全分析了的命题"[1],是意义绝对明确的,对其我们不可能有任何误解的命题。

与对象一样,名称在语言中也是最简单的东西。这么说吧,我们都知道,所谓的对一个词的定义(此时先不要管"指物定义"),其实就是用其他更多的词语来定义一个词,但其他的词语又怎么样呢?又是怎么被定义的呢?如果循环定义或者遮遮掩掩的循环定义是不被允许的(什么是"善"?善就是恶的对立面),那么我们在语言中总要遇到那些不可定义的词的。它们或许可以用来定义其他词,本身却无法被定义了。字典之所以能够成为可能,也是基于这个事实。它们是原初符号,名称就是这样的原初符号。如果定义是把一个词给拆解成了更多的部分(我们总是用更多的词来定义一个词),那么我们可以说"名称**不能被定义所拆解**"[2]。

前面一直随意地谈到名称和对象的对应关系,好像把一个对象和一个名称联系起来,或者干脆在一个对象上贴个标签就万事大吉了,但是,一旦我们更深入地思考这个问题,那么难以厘清的好像恰恰就是这种关系。

---

[1] Wittgenstein, *Tractatus Logico-Philosophicus*, Routledge & Kegan Paul, 1961, 3.201.
[2] Wittgenstein, *Tractatus Logico-Philosophicus*, Routledge & Kegan Paul, 1961, 3.261.

第三讲

前面已经论述过了，对象不可能独自地出现在经验世界中，对象是不可能通过经验来把握的（回忆一下"本体论"这个概念），我们甚至"不能脱离与其他对象的联结的可能性来设想**任何一个**对象"[1]，那么我们就不可能像指着一个洋娃娃并为其命名那样"指"着一个对象然后说出它的名称，也不可能在对象上面贴个标签，这首先是因为我们没法实际地"给出"任何一个对象。那该怎么办呢？

随着名称的"意义"（或"含义"）问题的引入，这问题变得更加复杂了。《逻辑哲学论》第3.203节说："名称意谓对象。对象是它的意义。"[2] "意义"的德文原文是"Bedeutung"，这是个日常词汇，一般译成"意义"或"含义"或"意思"即可，但一个名为弗雷格（Gottlob Frege）的哲学家把这个问题复杂化或者说精细化了。

弗雷格是维特根斯坦很崇敬的人，前者有一篇名为《关于意义和指称物》（*Über Sinn und Bedeutung*）的文章，发表于1892年，文章处理了很多问题，其中有一个是这样的："晨星"和"暮星"是两个不同的名称（不过不是《逻辑哲学论》意义上的名称），这两个名称所指的

---

[1] Wittgenstein, *Tractatus Logico-Philosophicus*, Routledge & Kegan Paul, 1961, 2.0121.
[2] Wittgenstein, *Tractatus Logico-Philosophicus*, Routledge & Kegan Paul, 1961, 3.203.

东西，或者与这两个词相对应的东西是同一个，那就是金星，但因为有"早上被看到"和"晚上被看到"的分别，所以有了两个名称。很明显，这两个名称的指称物是一样的，意义却不一样。

我们一般会说一个名称有"意义"或者"含义"，为了论述的方便，现在就暂时用"含义"吧。按照弗雷格的说法，一个名称的"含义"似乎分裂成了两个方面：一是它的意义，一是它的指称物。这个"指称物"的德文就是"Bedeutung"。名称的"指称物"是容易理解的，名称的"意义"被弗雷格视为"对象被给出的方式"。比如，"晨星"的指称物我们都知道，它的意义（大致说来）就是：在早晨看到的金星。此时，我们也可以想象两个国家的人民对于边境处的同一座山脉的不同命名法，这两个名称的意义是不一样的，指称物是一样的。我们可以说：对于他们来说，同一座山被给出的方式是不一样的。

可能是基于理论完满性的考虑，命题也要有"意义"和"指称物"。不过，名称的情况可以理解，命题的情况有点费解。弗雷格认为命题的"意义"乃是这个命题所表达的思想（蛮接近我们日常情况下说的"句子的意义"），思想可真可假，命题也可真可假，所以命题的"指称物"就是真值（truth-value）。真值只有两个："真"或"假"。于是，尽管所有真命题所表达的思想即它们的意义各不相同，但所有真命题的"指称物"都是一样的——"真"。同理，所有假命题的"指称物"都是"假"。这

第三讲

就有点奇怪了。

不过,我们的任务不是说清楚弗雷格的理论,而是搞清楚《逻辑哲学论》中的看法。

现在问题来了,作为弗雷格的粉丝,维特根斯坦肯定看过弗雷格的文章,那么他是否全盘接受了弗雷格的术语系统呢?他是否也把名称的"含义"分成了两个方面呢?换言之,《逻辑哲学论》中的"Bedeutung"应该是专业术语意义上的"指称物",还是日常德语意义上的"意义"呢?

我觉得应该是"意义",或者,如果一定要和命题的"意义"(德文是"Sinn")区分开来,那就译成"含义",不过不区分也可以,接下来我们还是继续使用"意义"这个词吧。

我的理由很简单,回到刚才那句话,即"名称意谓对象。对象是它的意义",如果它被改成"名称指称对象。对象是它的指称物",那么第二句几乎就是一句废话,但在"名称意谓对象。对象是它的意义"中,第二句话是有其内容的,这其实说出了一个维特根斯坦要在自己的后期哲学中重点批评的看法,那就是主张名称的意义就是与它相对应的对象,"每个词都有一个意义,意义与词语相对应,意义就是词语代表的对象"[1]。其实,我们在做哲学

---

[1] 维特根斯坦,《哲学研究》,楼巍译,上海人民出版社,2019年7月,第一部分第1节。

的时候也会这样想，比如，如果有人问我们什么是"太阳"这个词的意义，我们肯定会觉得这是需要指向太阳这个东西来解释的，我们觉得一个没有见过太阳的人肯定不能理解这个词的意义。

不过，虽然不能说早期维特根斯坦把名称的"意义"分成了两个方面，但早期维特根斯坦确实是从两个方面，即从内容和形式这两方面，来解释名称的"意义"的，这完全匹配了前面关于对象的内容和形式的讨论（语言学和本体论的绝对对称），维特根斯坦说任何一个名称都"标明了一个形式和一个内容"[1]。我们可以说：倘若没有内容和形式上的支撑，一个名称是不可能有意义的，二者缺一不可，但早期维特根斯坦更强调后者，维特根斯坦前后期哲学的一致性就体现在这里。

与名称相对应的对象为名称的意义提供了内容上的支撑，如果一个对象是不存在的，那么这个名称是没有意义的，这一点我们前面在论证对象必须存在的时候已经说过了。我们肯定会这样想：如果连对象都不存在，那么还要这个名称干什么呢？但是，有了对象并且将对象和名称联系起来，就保证名称有意义了吗？

有的人可能会觉得情况肯定是这样的，我们用指物定义的方式，一边指着对象，一边说出名称，就建立了二者

---

[1] Wittgenstein, *Tractatus Logico-Philosophicus*, Routledge & Kegan Paul, 1961, 3.31.

第三讲

的关系，就解释了名称的意义。但是，这一点我们前面已经论述过了，我们是无法"指"着或"指"出任何一个对象的，这个方法肯定不行，那么，该怎么办呢？我们该如何解释名称的意义呢？对此，维特根斯坦说："原初符号的意义可以通过例示来解释。例示就是那些包含这些原初符号的命题。因此，仅当这些符号的意义已经被知道的时候，它们才能被理解。"[1]

为了向别人解释一个原初符号的意义（名称是原初符号），却要先预设了别人已经知道这个符号的意义，否则无法理解这"解释"，这是什么意思呢？这不是一个明显的矛盾吗？其实不矛盾，维特根斯坦是故意这样说的，他的意思很简单：名称的意义是不可能通过指物定义或任何一种言语性的"解释"或"定义"来给出的（所以它们是原初符号）。此时，我们不禁要问：那么一个孩子是如何掌握名称的意义的呢？答案是：通过语言的"训练"，直接接触那些包含了名称的命题，慢慢地学会去构造包含名称的命题，逐渐掌握名称的意义。没有一个父母会煞有介事地拿着色卡对孩子进行指物定义，他（她）们总是不断地指着不同的物品说出包含颜色词的完整句子。顺便说一下，训练和解释（定义）的区别是：前者无需被训练者已经掌握语言，后者需要被解释者掌握一些语言的用法。我

---

[1] Wittgenstein, *Tractatus Logico-Philosophicus*, Routledge & Kegan Paul, 1961, 3.263.

们不要忘了，为了解释或定义一个词，我们得用更多另外的词。

正如"我们不能脱离与其他对象的联结的可能性来设想任何一个对象"[1]，我们也不能脱离与其他名称结合的可能性来设想名称，名称只有具备与其他名称结合成命题的可能性，只有作为一个语言系统的一员，才是有意义的，这就是名称之有意义的形式上的支撑。用维特根斯坦自己的话说就是："只有在命题的联结中，名称才有意义。"[2]

"只有在命题的联结中，名称才有意义"这个说法蛮违背我们的直觉的，单个的名称难道没有意义吗？对象的存在不就保证名称有意义了吗？为什么非得来一个形式上的支撑？这恰恰体现了维特根斯坦的深刻之处。名称只是符号，符号都是偶然而任意的，同样是红，我们叫"红"，英国人叫"redness"，某个部落的人也有自己的符号，我们甚至可以任意地发明符号。但我们却可以把英语翻译成中文，把部落的语言翻译成中文，语言可以相互翻译，这里面一定有不偶然、不任意的东西。

这种不偶然、不任意的东西就是各自的符号在各自的语言系统中的用法。如果我们将讨论局限在《逻辑哲学

---

[1] Wittgenstein, *Tractatus Logico-Philosophicus*, Routledge & Kegan Paul, 1961, 2.0121.
[2] Wittgenstein, *Tractatus Logico-Philosophicus*, Routledge & Kegan Paul, 1961, 3.3.

第三讲

论》中的话,那么这种用法主要就是一个符号(名称)和另外的符号组合成有意义的命题的可能性,比如"红"和"袜子"这两个词结合的可能性与"red"和"sock"这两个词结合的可能性是一样的。"袜子是红的"是有意义的命题。

语言不是符号或词语的简单集合,任何一部语言都是由词语构成的**有机系统**,正如象棋的所有棋子构成了一个有机系统(每一个棋子的"可能走法"是被限定好的,每一个棋子都因为这"可能走法"而与其他所有棋子处于可能的关联中)。"系统"一词的意思是:它是由所有词语的应用即词语和词语组合成有意义的命题的可能性构成的。"有机"一词的意思是:所有词语都与其他词语处于一种联结之可能性的巨大网络中。当然,有些词语的结合是不合逻辑的,比如"学习+瘫痪"。总之,只有作为一个语言系统的一员,词语、名称才有意义,说的就是这个意思。

当我们穷尽所有名称的所有结合的可能性之后,我们就得到了所有的基本命题,也就得到了所有的基本事态,这样就得到了所谓的"逻辑空间"。逻辑空间由所有基本事态组成,此时我们可以回忆一下那个由一排排的灯泡组成的方阵,灯泡的数量是有限的,每一个灯泡只有亮和灭两种状态,这就像基本事态只有"实际存在"和"实际不存在"这两种状态(但存在的可能性一定是有的),那么这个方阵就可以被比作"逻辑空间"。

每一个基本命题都确定了逻辑空间中的一个位置、一个灯泡。但由于任何一个对象（或名称）都处于与其他对象（或名称）结合的可能性中，所以这是一个有机系统，所以任何一个由名称结合而成的基本命题都预设了那个巨大的逻辑空间，因为任何一个对象（名称）都位于那个巨大的可能性之网中，"尽管一个命题只可以确定逻辑空间中的一个位置，但是整个逻辑空间必须已经由它给出了"[1]。

3. 逻辑形式

第一节说了，模型汽车和真实汽车的对应，外加"三维空间"这个形式，使得模型汽车的描画系统成为了可能。名称和对象的对应，外加"逻辑"，使得用语言来描画世界的这个系统成为了可能。

那么，什么是逻辑呢？

在早期维特根斯坦这里，逻辑是使得思想、语言和世界处于一种完善的秩序之中的东西。

后期维特根斯坦曾这样总结自己的前期哲学：

思想被一个光环所环绕着。——思想的本质，即逻辑，呈现了一种秩序，即世界的先天秩序，也就是世界和

---

[1] Wittgenstein, *Tractatus Logico-Philosophicus*, Routledge & Kegan Paul, 1961, 3.42.

第三讲

思想必定共同具有的**种种可能性**的秩序。然而这种秩序看起来必须是**最为简单的**。它**先于**一切经验,它必定贯穿一切经验,它本身不可沾染经验的浑浊或不确定性。(《逻辑哲学论》5.5563)[1]

为什么逻辑是思想的本质?

因为早期维特根斯坦认为思想是先天地合乎逻辑的,换言之就是我们不可能不合逻辑地思考,"逻辑是先天的,这在于如下事实,即我们**不能**不合逻辑地思考"[2],在这个意义上,逻辑是思想的本质。

如何理解世界和思想共同具有的种种可能性?

语言是世界的图画,前者描画了后者,这没错,但语言又是怎么来的呢?人们为什么要有语言呢?答案是:表达思想。"在命题中,思想以感官可以把握的方式得到表达"[3]。那么,思想又是怎么来的呢?人们为什么要有思想呢?答案是:我们总要去想世界(比如一个房间)会是怎么样的,于是,作为我们"想"的结果,我们也就有了思想。

前面说思想在命题中得到表达,好像思想可以彻底脱

---

[1] 维特根斯坦,《哲学研究》,楼巍译,上海人民出版社,2019年7月,第一部分第97节。
[2] Wittgenstein, *Tractatus Logico-Philosophicus*, Routledge & Kegan Paul, 1961, 5.4731.
[3] Wittgenstein, *Tractatus Logico-Philosophicus*, Routledge & Kegan Paul, 1961, 3.1.

离语言，其实，正如我们无法脱离语言来给出事实，我们也无法脱离语言来给出思想（不信的话，自己可以来试一试）。在这个意义上，"房间的桌子上蹲着一只猫"既是个命题，也是个思想，"被运用的，被思考过的命题符号，就是思想"[1]，"思想是有意义的命题"[2]。而且，和命题一样，思想本身也是事实的图画，"事实的逻辑图画是思想"[3]。顺便说一下，这里就出现了第二讲提到的《逻辑哲学论》的第三、第四个主干命题。我们现在应该能理解这两个命题了。

不过，思想、语言和世界毕竟又是不同的，它们不是一个东西，但三者具有共同的可能性，处于一种具有共同可能性的完善秩序之中。

那么，这种秩序是怎么来的呢？

答案是：逻辑。

前面说了，逻辑是思想的本质，我们不可能不合逻辑地思考，因此，凡是可以被思考的事态都是合乎逻辑的，都是在逻辑上可能的，"思想包含了它所思考的事态的可能性。可以思考的东西也是可能的"[4]，"我们不能思考

---

[1] Wittgenstein, *Tractatus Logico-Philosophicus*, Routledge & Kegan Paul, 1961, 3.5.
[2] Wittgenstein, *Tractatus Logico-Philosophicus*, Routledge & Kegan Paul, 1961, 4.
[3] Wittgenstein, *Tractatus Logico-Philosophicus*, Routledge & Kegan Paul, 1961, 3.
[4] Wittgenstein, *Tractatus Logico-Philosophicus*, Routledge & Kegan Paul, 1961, 3.02.

第三讲

任何不合逻辑的东西，否则我们就得不合逻辑地思考"[1]，又因为"在命题中，思想以感官可以把握的方式得到表达"，因此，归根结底，思想、语言和世界这三者之所以能够处于一种完善的秩序之中，或者说思想及语言和世界的那种描画关系之所以成为可能，恰恰就在于思想先天自带的那种逻辑，是思想把秩序颁布给了语言和世界。

那么，该怎么理解"逻辑形式"呢？

前面说了，"形式"永远要和"可能性"联系在一起理解，"逻辑形式"这个概念的完整用法应该是：因为有了逻辑，所以思想、语言和世界处于一种具有相同可能性的完善秩序中，三者有着共同的"逻辑形式"。

---

[1] Wittgenstein, *Tractatus Logico-Philosophicus*, Routledge & Kegan Paul, 1961, 3.03.

第四讲

不可说和显示

第四讲

1. 逻辑命题

我这里要再次提醒读者的是,《逻辑哲学论》所界定的语言,换言之就是早期维特根斯坦心目中的语言,并不是日常语言,而是一种技术化、专门化的语言,就是前面提到的基本命题,早期维特根斯坦相信所有有意义的命题不是基本命题就是基本命题的真值函数,而日常语言虽然不那么完美,但仍然是具有完善的秩序的,"我们日常语言的所有命题如其所是的那样是有着逻辑上完善的秩序的"[1],因此早期维特根斯坦相信所有日常语言"原则上"都可以被分析成基本命题的真值函数。

现在有必要介绍一下真值函数。其实很简单,假设 p 和 q 是两个基本命题,那么"p ∧ q"(念作"p 合取 q")就是一个复杂命题。很明显,这个复杂命题的真假取决于构成它的两个基本命题的真假。"p ∧ q"这个命题仅当 p 和 q 都为真的时候才为真,当 p、q 任意一个为假时,"p ∧ q"就为假。日常语言中的"哥哥去上学且弟弟也去上学"就是这样的命题,这个命题只有哥哥和弟弟都去上学时才是真的。真值函数的本质就是:复杂命题本身的真假取决于以某种方式构成这个复杂命题的各个基本命题的真假。以 p 和 q 为例,常见的构成方式有"p 合

---

[1] Wittgenstein, *Tractatus Logico-Philosophicus*, Routledge & Kegan Paul, 1961, 5.5563.

取 q"（即"p∧q"）、"p析取q"（即"p∨q"）、"p蕴涵q"（即"p→q"），这些复杂命题为真的条件是不一样的，比如"p析取q"是只要p和q一个为真就为真的。理解了真值函数，也就理解了《逻辑哲学论》的第五个主干命题，即"命题是基本命题的真值函数"[1]，这首先是因为有意义的命题要么是基本命题要么就是基本命题的真值函数。

此外，《逻辑哲学论》的第六个主干命题是"真值函数的一般形式是$[\bar{p}, \bar{\xi}, N(\bar{\xi})]$"[2]，现在似乎也有必要简单解释一下了。这样一来，我们在第二讲第二节中提出的理解《逻辑哲学论》七个主干命题的任务也就基本完成了（本讲最后一节处理第七个命题）。我相信大多数读者都没有必要了解过于专业的逻辑知识，所以我在这里就不进入对这些逻辑符号的具体解释了。极其简单地说来，这个所谓的一般形式就是：借助某个单一的、一般性的程序——所谓的"共同否定"，即对一个给定的命题集的共同否定（由中括号中的第三个符号来表示），基本命题的所有真值函数都可以从基本命题中被产生出来。这也就是"一般形式"的定义（至于这是如何实现的，这里就不解释

---

[1] Wittgenstein, *Tractatus Logico-Philosophicus*, Routledge & Kegan Paul, 1961, 5.
[2] Wittgenstein, *Tractatus Logico-Philosophicus*, Routledge & Kegan Paul, 1961, 6.

第四讲

了[1])。这当然是早期维特根斯坦对一般性、普遍性、无差别性的渴望的产物,因为语言在早期维特根斯坦那里被认为是一种整齐划一的东西。

基本命题以各种方式构成复杂命题,这些复杂命题借助基本命题而对世界"有所说"或者刻画了一些复杂的情况(回忆一下李姐姐的故事中的复杂句子),但有一种组合的结果比较奇特,那就是复杂命题永远为真或永远为假,比如"p ∧ ~ p"永远为假,"p ∨ ~ p"永远为真("~"是逻辑中的否定符号)。以后者为例,因为p要么为真要么为假,但不管p是真还是假,"p ∨ ~ p"(就像"明天要么下雨要么不下雨")永远为真。

如果觉得前面这两个太简单,那么来个稍微复杂一点的,"(p ∧ (p → q)) → q"也永远为真。因为蕴涵关系(用"→"来表示)是只有前件(这里是"p ∧ (p → q)")为真且后件为假(这里是"q")时才是假的,但是,不管这里的p和q取什么样的真值可能性(一共也就四种可能性:二者都为真、二者都为假、p为真且q为假、p为假且q为真),这个复杂命题永远不可能出现前件为真后件为假的情况,因此它永远为真。

永远为假的命题先不说了,永远为真的复杂命题被早期维特根斯坦称为重言式(tautology)。早期维特根斯坦

---

[1] 想要了解的读者可参考意大利学者弗朗斯科拉(Pasquale Frascolla)的著作 *Understanding Wittgenstein's Tractatus*(Routledge出版社2007年出版)一书的第118-125页。

主张所有的逻辑命题都是重言式。

很明显,为了判定"明天下雨"为真,我们得借助经验,但"明天要么下雨要么不下雨"这个命题,换言之就是具有"p ∨ ~ p"这样形式的命题,我们根本不需要经验,只需看命题本身,看记号本身,就可判定它是一个永远为真的重言式,"逻辑命题的特征就是人们可以仅从记号本身中看出它们是真的"[1]。

基本命题肯定是有意义的,它们要么为真要么为假,这取决于实际情况是怎么样的,因此,为了知道一个基本命题是否为真,我们得将其拿来与实际情况作比较。由基本命题构成的复杂命题也是有真有假的,其为真或为假取决于每一个基本命题的真值可能性。基本命题和复杂命题都刻画了世界中可能的情况,正因此,它们才要么为真要么为假,但重言式是永远为真的,在这个意义上,重言式并没有像有意义的命题那样刻画了世界中可能的情况。想一想,我们都知道"明天下雨"刻画了世界中一个可能发生的情况,但"明天要么下雨要么不下雨"真的刻画了世界中一个可能发生的情况吗?后一个命题是没有意义的,更准确地说,它"什么也没说",它更像一句废话。

它是没有意义的,但它又不像我们在电脑键盘上胡乱打出的一串字符那样无意义(我们在这里似乎可以区分

---

[1] Wittgenstein, *Tractatus Logico-Philosophicus*, Routledge & Kegan Paul, 1961, 6.113.

开"没有意义"和"无意义"),在早期维特根斯坦那里,所有的逻辑命题都是没有意义的,它们都"什么也没说",它们都永远为真,这三者是一回事。

不过,这些作为重言式的复杂命题毕竟又不是无意义的字符串,如果全部基本命题都给出了(p、q、r……),我们从中当然可以构造出所有有意义的,换言之就是刻画了世界中可能的情况的复杂命题,当然,我们原则上也可以构造出所有的重言式,如果基本命题外加基本命题构成的真值函数是一个巨大的语言系统,那么重言式当然也是这个语言系统的一部分(就像黑色也是颜色系统的一部分)。

但是,它们不可能像其他有意义的命题那样对世界"有所说",那么它们的作用是什么呢?答案是:它们呈现了世界的"构架"(scaffolding)。让我们来引用一段话:

> 逻辑命题描述了世界的构架,或者不如说它们呈现了它。它们不"处理"任何东西。它们预设了名称有意义且基本命题有意义:这是它们和世界的联系。很明显,记号的某些组合(本质上有一种确定的性质)是重言式这一点一定显示了某些关于这个世界的东西。[1]

这是一个很难理解的想法,这些重言式"什么也没说",但却又呈现了世界的构架,这是什么意思呢?世界

---

[1] Wittgenstein, *Tractatus Logico-Philosophicus*, Routledge & Kegan Paul, 1961, 6.124.

的构架又是什么呢？

我们已经知道，对于早期维特根斯坦来说，语言是一个专门化的命题系统，这个以基本命题为基础的巨大系统可以源源不断地产生有意义的复杂命题（刻画了世界中可能的情况，尽管是复杂的情况），但也可以产生没有意义的重言式。让我们将这个巨大的命题系统比喻成一个错综复杂的交通系统（维特根斯坦曾把语言比喻成一个村庄，村庄，特别是古老的村庄，其地形和道路确实挺复杂的[1]），那么任何一条走得通的路线组合（想想我们导航的路线），都对应一个有意义的复杂命题，但也有一些路线的组合是死路，换言之就是此路不通，让我们假设这些死路就对应着重言式。

那么，所有这些"此路不通"是否呈现了这个交通系统的一些结构性特征呢？我想我们会说：是的，作为整体，它们确实呈现了这个庞大的交通系统的所有结构性特征，如果把这些此路不通的"死结"全部标定出来，在某种意义上，或者说在一种反面的意义上，我们至少为所有走得通的、可能的路线组合提供了一种框架性的东西。我们可以说：框架本身是没有意义的，但它们是"有意义"

---

[1] 维特根斯坦在《剑桥讲座》中说过："哲学的困难是我们缺乏一种综观的视角。一个村庄，我们没有地图，或只有一张有关一些孤立的部分的地图，关于这个村庄的地形，我们就会遇到那种困难。我们现在说的这个村庄就是语言，地形就是它的语法。我们可以在村庄里走来走去，但是当被迫给出一幅地图时，我们就会弄错。"（Wittgenstein, *Wittgenstein's Lecture, Cambridge 1932–35*, Blackwell, 1979, p.43.）

第四讲

的框架。

理解了这个比喻,也应该能理解前面引用的那段话了,语言学和本体论的对称关系使得任何关于这个交通(语言)系统的框架性的东西都是关于世界的框架性的东西,所有重言式虽然都什么也没说,但呈现了世界的构架,"逻辑命题描述了世界的构架,或者不如说它们呈现了它"。之所以"不如说",乃是因为早期维特根斯坦想要将"描述"这个词保留给有意义的基本命题和复杂命题,在这个意义上,重言式或者说逻辑命题根本不可能"描述"任何东西,"它们不'处理'任何东西"。

所有逻辑命题都是重言式,都是没有意义的,都"什么也没说",与这个观点相对立的是什么观点呢?可能是罗素等人的看法:逻辑命题具有最普遍的有效性,逻辑命题"描述"或"刻画"或"描画"或"言说"了实在的最普遍的形式。

如果我们去想,我们也很可能会这样想。我们会觉得,不管具体情况是怎么样的,不管是警察办案,比如"如果这个人当时在这里,那么他就不可能在那里偷东西,这个人当时在这里,所以他不可能在那里偷东西",还是科学家的推理,比如"如果这个观测数据是对的,那么太阳系一定还存在着一颗行星,这个观测数据是对的,所以在某处一定还有一颗行星",不管具体内容如何,所有这些情况(这些当然是世界中可能的情况,这两个复杂命题当然是有意义的)都具有一个共同的形式,这个形式对于"所有"这样的情况来说都是一样的，那就是"（p ∧ （p → q））→ q"。

这就出现了两个对立的看法：一是"（p ∧ （p → q））→ q"这个"逻辑命题"刻画了某种类型的实在的普遍的形式，一是这个逻辑命题"什么也没说"。前者是传统看法，后者是早期维特根斯坦的看法。到底哪个是对的，或者哪个更有道理呢？

2. "逻辑形式"不可说

接上节，"（p ∧ （p → q））→ q"这个"逻辑命题"（别忘了所有逻辑命题都是重言式）真的刻画了某种类型的实在的普遍形式吗？这时，我们立刻就能看到，与其说这个命题刻画了实在的普遍形式，不如说它刻画了某些特定类型的命题的普遍形式。我们方才不是一直在谈论复杂命题吗？"如果这个人当时在这里，那么他就不可能在那里偷东西，这个人当时在这里，所以他不可能在那里偷东西"不就是这样的命题吗？

那么"（p ∧ （p → q））→ q"第一次刻画出了这类命题的普遍形式？以前我们根本不知道这个普遍形式？

首先，"（p ∧ （p → q））→ q"是一串符号，符号首先要被人理解，但是，在遇到这个符号之前，我们早就理解了诸如"如果这个人当时在这里，那么他就不可能在那里偷东西，这个人当时在这里，所以他不可能在那里偷

第四讲

东西"这样的命题，如果这些命题真有一个共同的形式，那么可以说我们早就已经在思维中掌握了"那个"形式。如果你现在说"（p ∧ (p → q)) → q"第一次说出或刻画了"那个"形式（这个说法本身就很古怪），那么我们就可以说对"（p ∧ (p → q)) → q"的理解也同样涉及了思维中的"那个"形式（否则你怎能理解这串符号呢？），你根本不能将"那个"纯粹、精微的形式与符号或语言剥离出来，在这个意义上，"（p ∧ (p → q)) → q"这串符号不是也不可能是在言说"那个"形式。"那个"形式根本无法被对象化，根本无法被言说。后期维特根斯坦曾说用我们的手段去刻画这些精微的形式"就好像要用我们的双手来修好一张破碎的蜘蛛网"[1]，是根本不可能的。

其次，"（p ∧ (p → q)) → q"中的"p"和"q"完全是任意的，你可以用任何两个字母来替代它，比如"（G ∧ (G → B)) → B"，甚至可以用"（□ ∧ (□ → △)) → △"，这已经清楚表明它们根本不是我们前面说的命题（作为图画的命题），因为命题的特点就是：命题中的任何一个元素改变了，命题的意义也就彻底改变了，而前面这三个"命题"完全可以相互替代。逻辑命题根本不是命题，因此它们什么也没说，更不要说它们

---

[1] 维特根斯坦，《哲学研究》，楼巍译，上海人民出版社，2019年7月，第一部分第106节。

说了"那个"形式。

无论是"（p∧（p→q））→q"，还是"（G∧（G→B））→B"，还是其他任何符号替代的结果，都没有说出"那个"形式。如果"逻辑形式"这个词的用法不局限于"思想、语言和世界有着相同的可能性"，而是也可以用于某一类复杂命题的"逻辑形式"（"逻辑形式"一词在《逻辑哲学论》中确实有几种用法），那么这种用法上的"逻辑形式"是根本无法言说的。

总之，一方面，像"（p∧（p→q））→q"这样的逻辑命题并不刻画了某一类型的实在的"逻辑形式"，也并不言说了某一类型的复杂命题的"逻辑形式"，它作为重言式"什么也没说"，但它也是语言系统的一个特殊的组成部分；另一方面，我们可以承认某一类型的复杂命题具有某种逻辑形式，只是任何一个我们以为它言说了这个逻辑形式的逻辑命题都没能说出那个逻辑形式，而只是预设了那个逻辑形式（否则你根本无法理解它们），你无法将这种逻辑形式剥离出来并从外部描画它，你根本无法将其对象化。

不过，我们似乎可以说前面的所有命题，即"（p∧（p→q））→q"、"（G∧（G→B））→B"、"（□∧（□→△））→△"以及"如果这个人当时在这里，那么他就不可能在那里偷东西，这个人当时在这里，所以他不可能在那里偷东西"都以自己的方式"显示"了"那个"逻辑形式（每一滴水都反射着阳光）。

第四讲

这就出现了"言说"和"显示"这对二分，它们的作用在早期维特根斯坦那里是完全不一样的，能被显示的就不能被言说，能被言说的就不能被显示。当然，这对二分是和"语言的有限性"问题紧密联系在一起的。什么是"语言的有限性"？我们可以用语言来言说世界中各种可能的事实（这已经很了不起了，我们在某种意义上已经把握到那个庞大的世界），但很多东西我们是说不出来的。这听起来有点神秘主义，好像有些东西"只可意会而不可言传"，其实我们完全可以不用神秘主义的方式来理解这一点。

让我们举个例子。前面我们说过，两个对象，比如"红"和"绿"可以有完全相同的形式，凡是可以与"红"结合的对象都可以与"绿"结合（一个圆可以是红的也可以是绿的），二者有着完全相同的与其他对象结合的可能性，但我们知道它们是不同的。那么，我们能说出"红"和"绿"的区别吗？来个更简便的问题吧，假设面前有一块红色色卡和一块绿色色卡，我们能够"说出"它们的区别吗？（请做一下这个实验。）

也许你会说"把它们还原成波长，'一个是760到622纳米，一个是577到492纳米'，这就说出了它们的区别"，但这句话真的"说出"你面前的这块红色色卡和这块绿色色卡的区别了吗？（请想一想这个问题。）

我们在这里应该可以体会到"语言的有限性"这个说法的意思了。我们当然可以指着一张红色色卡和一张绿色色卡并且说:"你看,这就是区别!它们就是不一样的!"但这并没有"说出"二者的区别,倒不如说是"展示"甚至"显示"了二者的区别。

现在我们来看一段话:

> 命题可以描绘整个实在,但是它们不能描绘为了能描绘实在它们必须与实在所共有的东西——即那个逻辑形式。为了能够描绘这个逻辑形式,我们得让我们和命题位于逻辑之外了,那也就是世界之外了。[1]

该如何理解这里提到的"逻辑形式"呢?从这里的语气来看,早期维特根斯坦似乎没有在谈论某种类型的(复杂)命题的逻辑形式,而是在一种整体的意义上谈论语言和世界。这个逻辑形式指的应该是"思想、语言和世界有着相同的可能性"。命题和实在有着共同的逻辑形式的意思就是:语言和世界具有相同的可能性。

那么,这种意义上的"逻辑形式"能不能用语言来描绘或者言说呢?

答案是:不行。原因很简单,有意义的语言和世界处于一种描画关系中,二者具有相同的可能性,但这样一来语言也就被封闭在这种描画关系之中了,语言无法从这种描画关系中挣脱出来了,为了去描画、言说那个逻辑形

---

[1] Wittgenstein, *Tractatus Logico-Philosophicus*, Routledge & Kegan Paul, 1961, 4.12.

式，我们得跑到这种描画关系之外了，因为任何一幅图画都是"从外部描画其对象的"[1]，语言当然也是这样的图画，而这样一来我们就得跑到语言和世界之外了（这听起来已经有点荒谬了）。从这里，我们似乎可以瞥到这样一个看法：语言无法回过头来去言说那使得这种完善的描画关系成为可能的东西——逻辑。

但这层意义上的"逻辑形式"可以被显示吗？可以的。被什么显示？被我们能够如此熟练地用语言来刻画世界中可能的情况的实践活动来显示，我们的语言活动已经显示出了语言和世界是有着相同的可能性的，有意义的语言总是刻画了世界中一个可能的情况。《李姐姐的故事》也同样显示了这一点。

前面我们已经遇到了"逻辑形式"这个词的两种用法：一、某一类特殊类型的复杂命题的"逻辑形式"（你当然可以说这也是某一类实在的"逻辑形式"，于是我们可以说"某一类"复杂命题和"某一类"实在有着共同的"逻辑形式"）；二、世界和语言共同的逻辑"形式"，这就是说它们有着相同的可能性。我们已经论述了这两种用法中的"逻辑形式"都是不可言说的。

现在我们引入"逻辑形式"这个词的第三种用法：某个对象的逻辑形式。比如，早期维特根斯坦说过"两个对

---

[1] Wittgenstein, *Tractatus Logico-Philosophicus*, Routledge & Kegan Paul, 1961, 2.173.

象有着相同的逻辑形式"[1], "出现于基本事态之中的可能性就是对象的形式"[2]。

好吧,某个对象的逻辑形式可以被言说吗?我们不要忘记,某个对象的逻辑形式就是这个对象和其他对象结合的可能性。比如"圆"这个对象可与"红"这个对象相结合而形成一个视域中的红圆圈(假设这就是一个基本事态),但不能与"方"这个对象相结合,"圆的方"在逻辑上就是不可能的。但是,我们在这样谈论对象的形式时,我们在谈论什么呢?前面我们貌似在谈论实在,其实在谈论复杂命题,这里的情况也一样,我们其实在谈论"红"、"圆"、"方"这些名称的组合的可能性(我们无法脱离语言!)。

那么,某个对象与其他对象结合的可能性可以被言说吗?某个名称与其他名称结合的可能性可以被言说吗?二者其实是一个问题。

答案是:不行!

按照《逻辑哲学论》的语言框架,任何一次言说,要么是基本命题,要么是基本命题的真值函数,而任何一个基本命题都是某个名称与其他名称结合的"某一种可能性"的实现,但这个名称与其他名称结合的所有可能性可

---

[1] Wittgenstein, *Tractatus Logico-Philosophicus*, Routledge & Kegan Paul, 1961, 2.0233.
[2] Wittgenstein, *Tractatus Logico-Philosophicus*, Routledge & Kegan Paul, 1961, 2.0141.

第四讲

以被言说吗？不可以，但它可以被部分地显示，一种可能性的实现毕竟显示了这种结合是可能的。此外，我们也可以这样来理解这一点：我们前面在谈到名称时已经说过，任何一个名称都与其他名称处于一个联结之可能性的巨大网络中，这个巨大的网络是无法被言说的，倒不如说任何一次有意义的言说都是这个巨大网络的一小部分。

那么，来一个更具体的问题："红"和"圆"结合的可能性可以被言说吗？

我们会回答：可以！

我们会说："'红'和'圆'的结合是可能的"这句话不就已经言说了这一点吗？

不过，我们别忘了这句话是一句日常语言，而《逻辑哲学论》中谈到的是一种作为图画的专门语言，而且这个图画不是比喻意义上的，而是真正的图画。现在假设我们要用图画来刻画"'红'和'圆'的结合是可能的"（拿出彩笔做一下这个实验！），那么我们该如何将这一点画出来？但这一点可以被我们实际画出的红圈圈所"<u>显示</u>"。再问一个问题，假设我们要用图画来刻画"'圆'和'方'的结合是不可能的"，我们又该如何将这一点画出来？宽松地说来，这一点也可以由我们实际上无法画出"圆的方"这一点"显示"出来。适用于图画的结论，同样适用于《逻辑哲学论》中的语言。

3. 对于不可说的东西，人们必须保持沉默

我们已经解释了《逻辑哲学论》七个主干命题的前六个，现在还剩第七个，那就是本节的标题。读完这一节，我相信大家会基本理解这第七个命题。

顺便说一下，我们可以在很多场合看到别人引用《逻辑哲学论》的最后这句话。人们不断地、固执地引用"对于不可说的东西，人们必须保持沉默"这句话（那些将这句话挂在嘴边的人保持沉默了吗？），就像人们不断地、固执地引用马克思说的"哲学家们只是用不同的方式解释世界，而问题在于改变世界"这句话一样（那些将这句话挂在嘴边的人真的改变世界了吗？）。

总之，最后这句话本身似乎就包藏着某种只可意会而不可言传的深刻含义，任何一个说出或写下这句话的人都似乎传递了某种深刻的信息，但是这些引用大多基于对这句话的误解，很多人甚至都没有看过《逻辑哲学论》（当然，很多人也没有看过马克思的《关于费尔巴哈的提纲》）。

1919年，在一封写给一个名为路德维希·冯·费克尔（Ludwig von Ficker）的杂志主编的信中，维特根斯坦对《逻辑哲学论》作出了这样的评价：

本书的主旨是伦理的。我曾经想要在序言中写几句话，这几句话现在实际上并未出现在序言中，不过我现在想要写给你，因为它们可能会成为你的钥匙。我曾经想要

第四讲

写的是我的著作由两部分构成，一是呈现在这里的部分，一是所有我没有写出来的部分。重要的恰恰是第二个部分。因为我的书好像从内部划定了伦理的领域，而我确信严格说来它只能以此方式被划定。简而言之，我认为：在我的书中，我以对其保持沉默的方式界定了所有那些很多人在嘀咕不清的东西。[1]

"呈现在这里的部分"就是《逻辑哲学论》这本书中的所有文字，"没有写出来"然而又十分重要的部分是伦理、美、宗教。它们无疑是早期维特根斯坦心目中的"更高的领域"，它们都是"不可说的"，按照早期维特根斯坦的戒律，我们必须对它们"保持沉默"，而不是像某些哲学家或作家那样嘀嘀咕咕地说个不休。我想说这本身就是一种伦理上、道德上的要求：沉默是一种得体、善的行为，嘀咕不休是不得体、不道德的行为。

"从内部划定"的问题，我们前面在谈到"为思想划界"的时候已经提到过了，我们不能去思考不可思考的东西（这本身就是一个矛盾），而要为思想划界，就像小学生在课桌上画三八线，多多少少总要触碰到（至少也要知道）在界限外或界限另一边的东西，但这是不可能的，思想的界限之外根本就是空无，是无法被思考或者说逻辑上

---

[1] Engelmann, *Letters from Ludwig Wittgenstein with a Memoir*, ed. B. McGuinness, trans. L. Furtmüller, Blackwell, 1967, pp.143-144.

不可能的东西（甚至根本不是什么"东西"）。

所以要"从内部划定"，也就是说既不试图去定位也不试图去触碰那不可言说的领域，而是直接从语言和"可说"入手，划定"可言说的领域"，就像制造一个圆形的堡垒，从内部划出了一个可说的范围。这样一来，早期维特根斯坦似乎就可以安全地说：堡垒之外的，都是不可说的，我们要对其保持沉默，堡垒之内的，都是可说的领域。

前面已经谈到了"逻辑形式"一词的三种用法，并且已经说明，在《逻辑哲学论》给出的语言框架中，"逻辑形式"是不可说的（而"逻辑命题"根本不是什么真正的命题），真正可说的，是世界中可能的情况，即可能成为事实的东西或者说可能的事实。

伦理学关注善，美学关注美。说一个东西"是善的"或"是美的"，都是一种价值判断，但价值判断并不是事实判断，二者是不一样的。简单说来，如果有人确实对不可说的东西保持了沉默，对此我们可能会说：这是一个善的行为。但是，问题来了。首先，这里的"善"在哪里呢？我们能看到"善"吗？其次，正如生活教给我们的那样，此时肯定会有很多人跳出来说："不！对不可说的东西保持沉默并不是善的行为，人类要顶撞甚至超越语言的界限，这才是善的。"但是，即使对于这样的人而言，如果某人确实对不可说的东西保持了沉默，那么这是个"事实"，这一点是不会有错的，我们能看到这个人，能感受到他的沉默,能够用"某人对不可说的东西保持了沉默"这个命题来言说这个事实。

为了获得进一步的理解,我们必须了解《逻辑哲学论》有一种"逻辑的视角"。

什么是"逻辑的视角"?它只关注"世界可能是怎么样的",而不关注"世界实际上是怎么样的"(但后者已先天地包含在了前者之中,后者无非是前者的实现——这一点不难理解),"逻辑处理所有的可能性"[1],此时我们可以回忆一下"逻辑空间"这个概念。用象棋来类比,逻辑只关注"所有可能的棋局"(所有棋子的所有可能走法,当然是极其复杂多样的),而不关注"两个人实际上是怎么下一盘棋的"。

既然不关心世界实际上是怎么样的,那么这就是一种从现实世界中脱离出来,从高处凝视着这个世界的超拔的视角(反正你所有的可能性已被我收纳好了)。顺便说一下,一旦我们理解了这种视角,我们就会发现,日常生活中"善"和"好"两个词的用法都不是超拔的,而都是位于具体情境中的,日常用法中的"好"都是"对某人或某些人来说"是好的,它们都不是真正的、绝对的"好"或"善"(二者的英文是同一个,即"goodness")。

从这个超拔的视角看来,现实世界有两个特征:一是

---

[1] Wittgenstein, *Tractatus Logico-Philosophicus*, Routledge & Kegan Paul, 1961, 2.0121.

它只不过是"事实的总和"[1];二是世界中发生的每一个事实虽然实际上发生了,但都可以不发生,灯泡虽然实际上是亮的,但也可以是灭的,没有一个事实是必然如此的,它们都是偶然的。

于是我们就可以刻画事实和价值的本质区别了:首先,从超拔的视角看来,世界中的所有事实就像方阵中所有亮着的灯泡,都处在同一个层面上,都是没有价值的(或者有同样的价值,但这就是说这根本不是真正的价值),不存在一个是善的或美的而另一个不善或不美的情况,它们是完全扁平化的(看着一排排亮着的灯泡,你会觉得一个比另一个更美吗?),世界中不存在任何的价值;其次,世界中的每一个事实都是偶然发生的,我们都可以设想它们的反面,但我们谁也不愿意承认价值命题和事实命题在这一点上是一样的。以伦理命题为例吧。我们完全可以设想比如"珠穆朗玛峰高8848米"(一个事实命题)的反面(这个事实可以不发生,它是偶然的),比如它只高8000米,但我们恐怕不会承认"人要选择正确的人生道路"(一个伦理命题)的反面,比如"人要选择错误的人生道路"(这听起来难道不荒谬吗?)。

我们应该可以体会到事实和价值的本质区别了。

事实是可言说的,事实是世界之内的,事实命题是有

---

[1] Wittgenstein, *Tractatus Logico-Philosophicus*, Routledge & Kegan Paul, 1961, 1.1.

第四讲

意义的，这首先就在于世界中毕竟"有一个事实"可被我们言说，但这些并不适用于比如价值领域，我们不能说价值领域"有一个事实"等着我们去言说。"价值"和"事实"是根本不同的，价值领域没有什么事实，事实领域没有什么价值，价值领域一定不同于并且高于所有的事实领域（所以它才被叫作"价值"领域），而这立刻意味着价值领域一定在世界之外，在早期维特根斯坦的语言框架内，这也就立刻意味着价值命题是无意义的，它们都不是真正的命题。

还是用维特根斯坦自己的话来说吧：

所有的命题都具有同等的价值。[1]

世界的意义一定位于世界之外。在世界中，所有的一切都如其所是并且如它们所发生的那样发生。在世界**之内**不存在价值——如果有，那么它也会是没有价值的。

如果有一种价值是有价值的，那么它一定位于所有发生的事情和实际情况之外。因为所有发生的事情和实际情况都是偶然的。

使其不偶然的东西不能位于世界**之内**，否则这仍然会是偶然的。

---

[1] Wittgenstein, *Tractatus Logico-Philosophicus*, Routledge & Kegan Paul, 1961, 6.4.

它必须位于世界之外。[1]

因此不可能存在任何伦理命题。
命题不能表达任何更高的东西。[2]

很明显伦理是不可言说的。
伦理是超验的。
(伦理和美是一回事。)[3]

总之,我们不要忘记我们的语言无法摆脱与世界的那个描画关系,无法言说世界之外的东西。

宗教领域(如果真有这样一个领域的话)也一样,那里也没有什么"事实"等着我们去言说。有人跪下祷告,他们的话语和行动把上帝表现为一个洞察一切的全知全能者,有人把上帝刻画成创世者,有人会说"在上帝的眷顾下我们是安全和幸福的",有人在批评他人时会说"上帝不会赞同你的行为"……所有这些宗教语言(包括手势和行为)实际上都只是一些话术和比喻,用维特根斯坦的话说,就是"一种对我们的语言的富有特征的误用贯穿了所

---

[1] Wittgenstein, *Tractatus Logico-Philosophicus*, Routledge & Kegan Paul, 1961, 6.41.
[2] Wittgenstein, *Tractatus Logico-Philosophicus*, Routledge & Kegan Paul, 1961, 6.42.
[3] Wittgenstein, *Tractatus Logico-Philosophicus*, Routledge & Kegan Paul, 1961, 6.421.

有的伦理和宗教表达式。所有这些表达式看起来好像都只是比喻"[1]。人们把上帝比作一个完人、创造者、审判人，等等，并且构造了复杂的宗教语言，但我们知道比喻之所以是比喻恰恰就在于我们可以不用比喻而直接去描述那个被比喻的事实，比如我们可以不说"云像棉花糖"而直接去陈述"云是白的"这个事实，但是一旦我们把前面的那些比喻去掉，试图去描述那些比喻背后的事实，我们就会发现这里根本没有什么事实等着我们去描述了（上帝在哪里呢？），因此我们甚至可以说宗教语言其实连比喻都算不上。

尼采也表达过类似的看法：

道德判断和宗教判断有一个共同点，那就是它相信一种并不存在的现实。……像宗教判断一样，它属于一种无知的层面，在这个层面上，即便是真实的概念、真实与假想的区分也是没有的：因此，在这样一个层面上，"真理"并不指示任何东西，而只指示我们如今称为"假想"的东西。在这个范围内，道德判断永远不能按照字面来理解：它所包含的永远只是无意义。[2]

看得出来，尼采也认为伦理领域和宗教领域不存在任何的现实或事实，因此也不存在任何的真理，因为所谓的

---

[1] Wittgenstein, *Philosophical Occasions, 1912-1951*, Hackett Publishing Company, 1993, p.42.
[2] Nietzsche, *Twilight of the Idols*, Penguin, 1968, p.55.

"真理"就是陈述了一个事实所以为真的命题。因此道德判断都是伪命题，都是无意义的。如果世界是事实（或可能的事实）的总和，那么这其实就是说宗教和伦理领域并不在世界之内。早期维特根斯坦也主张上帝并不在世界之内，而是位于世界之上的更高者，"对于更高者而言，世界是怎么样的是完全无关紧要的。上帝并不在世界之内显示自身"[1]，因此也是不可言说的。

总结一下，《逻辑哲学论》的第七个命题，即"对于不可说的东西，人们必须保持沉默"中的"不可说的东西"，就是这里提到的美、伦理和宗教的领域。当然，你也可以说"不可说的东西"要包括"逻辑形式"之类的[2]，不过也可以不这样说，因为维特根斯坦并没有说对于这些东西要保持沉默（对"逻辑形式"保持沉默，听起来怪怪的）。总之，前一种解读更契合前面那封信表达的看法。早期维特根斯坦用最后这句话指向了那些我们要对其保持沉默的重要领域，"以对其保持沉默的方式界定了所有那些很多人在嘀咕不清的东西"。

这种感觉就像是：第一部分，即写下的部分，戛然而止了，正是以这样的方式，第二部分，即要对其保持沉默的部分，被界定在了空白中。

---

[1] Wittgenstein, *Tractatus Logico-Philosophicus*, Routledge & Kegan Paul, 1961, 6.432.
[2] 这样说来，"不可说的东西"还可以包括形而上学主体（第5.641节）、唯我论的主张（第5.62节），等等，不过我们在这里就不去说它们了。

这是一个完美的、干脆利落的结尾。

4. 划界成功了吗？

我们最后来处理这样一个问题：前面我们说《逻辑哲学论》要为思想、语言和世界划界，那么这本书完成这个任务了吗？答案是：完成了一半。

语言已经被早期维特根斯坦固定在与世界的描画关系之中了，语言只能用来刻画可能的事实。这样一来，从形式上说，我们似乎已经有了关于"界限"的初步概念，如果我们给出了所有的基本命题（不要忘了复杂命题只是基本命题的真值函数），那么我们就给出了语言的界限，"语言的界限由所有基本命题构成"[1]。

那么基本命题有哪些呢？我们能不能罗列出所有的基本命题，因此从内容上，而不是从形式上，给出语言的界限呢？早期维特根斯坦的答案是：不能。在《逻辑哲学论》中，维特根斯坦甚至没有给出过任何一个基本命题的例子（也没有给出过任何一个对象的例子）。他说"逻辑的**应用**决定了有哪些基本命题。逻辑无法预计位于它的应用之中的东西"[2]，"如果我不能先天地给出基本命题，

---

[1] Wittgenstein, *Tractatus Logico-Philosophicus*, Routledge & Kegan Paul, 1961, 5.5561.
[2] Wittgenstein, *Tractatus Logico-Philosophicus*, Routledge & Kegan Paul, 1961, 5.557.

那么试图给出它们必定导致明显的无意义"[1]。作为一个持有逻辑的、超拔的视角的"逻辑学家",他认为他不必完成这个任务。

这就是"完成了一半"这个表达式的意思。

---

[1] Wittgenstein, *Tractatus Logico-Philosophicus*, Routledge & Kegan Paul, 1961, 5.5571.

第五讲

回到粗糙的地面上

第五讲

1. 词语的意义在于使用

在前面三讲中，我们主要联系了《逻辑哲学论》这个文本，谈到了早期维特根斯坦的一些基本思想，接下来，我们主要联系《哲学研究》、《蓝皮书和棕皮书》等文本，来谈谈后期维特根斯坦的哲学思想。

《哲学研究》这本书初版于1953年，分成两个部分。第一部分是维特根斯坦精心编辑、编排过，也一度想要拿去出版的，这一部分几乎包含了他后期哲学的所有重要话题，因此这本书在他去世后很快就出版了。第二部分是关于心理学哲学的一些评论，维特根斯坦并没有对这一部分进行细致的修订，有的学者认为第二部分本来并不是《哲学研究》的构成部分，至少不是维特根斯坦生前想要出版的"那个"《哲学研究》的构成部分，所以有的版本，比如德国苏尔坎普出版社（Suhrkamp Verlag）2003年出版的德文版，就没有把这一部分包含在内。

《蓝皮书和棕皮书》的情况很简单，它由维特根斯坦口述给学生的两批笔记构成。在剑桥大学的1933-1934学年，维特根斯坦向选课的学生口述了一批笔记，并将其油印了出来，在1934-1935学年，他向两个学生口述了另一批笔记，并且做了三份打字稿，只给非常亲近的学生和朋友看过。后来，这两批笔记在剑桥大学的学生中流传了开来。第一批笔记有一个蓝色的封皮，第二批有一个棕色的封皮，于是它们就被称为《蓝皮书》和《棕皮书》了。比

第五讲

起后来的《哲学研究》，这两本书也许是更好懂的，因为维特根斯坦的初衷是让学生理解自己的哲学。

很多人主张后期维特根斯坦彻底否定了早期的看法，提出了一种崭新的哲学，但我认为这个看法是不对的，后期维特根斯坦继承了自己很多早期的看法，当然也批评了很多早期的看法。

我觉得早期和后期最重要的区别就是对待语言的态度有了根本性的变化。

早期维特根斯坦好像是从语言的外部，从高处注视着语言的，在这种视角下（回忆一下前面提到的"逻辑的视角"），语言被当作了一种无差别的、单一化的、抽象的东西，任何一个结论都适用于所有的语言。换句话说，早期维特根斯坦相信所有的语言都一个样，也相信自己能够在本质性的、普遍意义上谈论所有的语言，所以《逻辑哲学论》中的语言一定是一种专门的、技术化的语言，因为只有这种技术化的语言才可以被无差别地对待和讨论（我们其实可以隐约感觉到我们生活中使用的语言并不是这样的，并不是基本命题及其真值函数之类的，而是多种多样的）。这就像你从高处用卫星定位来观察一个城市，这个城市的所有街道看起来也是毫无差别的，如果你不是用卫星定位，而是真正漫步在这个城市的大街小巷之中，那种感受是完全不一样的，你可以体会到那种复杂性和丰富性。你会有一种"在人间"的感觉。

这种转变就可以被称为"回到粗糙的地面上"，而早

第五讲

期的看法就好像是"在光滑的冰面上"。

理解了这种基本态度的转变,我们就可以更具体地来看看后期维特根斯坦是如何批评自己的早期看法的。

首先来看看名称的意义问题。在第三讲中,我们谈到了名称有意义的两个支撑条件,一个是内容上的,一个是形式上的。一方面,如果一个对象不存在,那么这个名称没有意义,对象为名称的意义提供了内容上的支撑;另一方面,名称只有具备与其他名称结合成命题的可能性,只有作为一个语言系统的一员,才有意义,这就是名称之有意义的形式上的支撑(象棋中的任何一个棋子只有作为一个棋子系统的一部分,才是有意义的,孤零零的一个棋子什么都不是,我们根本没法用孤零零的一个棋子来玩一种棋类游戏)。

二者的结合形成了这样一个格局:虽然"对象是名称的意义"[1],但对象是被牢牢固定在组合成基本事态的可能性中的对象,名称是被牢牢固定在联结成基本命题的可能性中的名称,所以"对象是名称的意义"其实是"被牢牢固定在组合成基本事态的可能性中的对象是被牢牢固定在联结成基本命题的可能性中的名称的意义"。

总的说来,后期维特根斯坦取消了内容上的支撑,但保留并深化了形式上的支撑。

后期维特根斯坦将"对象是名称的意义"这个说法改

---

[1] Wittgenstein, *Tractatus Logico-Philosophicus*, Routledge & Kegan Paul, 1961, 3.203.

成了"每个词都有一个意义,意义与词语相对应,意义就是词语代表的对象"[1]。这是可以理解的,名称首先也是词语。而且,一旦回到粗糙的地面上,不再着眼于专门的、技术化的语言,那么作为一个专业术语的"名称"(《逻辑哲学论》并未给出任何一个名称的例子)自然要让位于更日常化的"词语",作为一种特殊实体的对象也要让位于日常意义上的对象了。

我们会说"今天太阳很好!",这是一句很日常的话,我们理解这句话的意义。这个句子由一些词语构成,我们不会承认这些词语是没有意义的,但是,一旦被问起这些词语的意义是什么,比如"太阳"一词的意义是什么,我们会怎么回答呢?我们该怎么解释这个词的意义呢?自然而然地出现在我们心里的答案,当然是用手指着太阳这个东西来解释这个词的意义,于是我们会认为"太阳"一词的意义自然就是太阳这个东西。除此之外,像"椅子"这样的词,似乎也可以这样解释。

这就是所谓的"词语的意义就是词语代表的对象"。在思考词语的意义问题时,我们好像一定会得出这样的结论,我们思考的路线似乎是提前安排好的,结论似乎是自然而然地出现在我们这里的。

在做哲学的时候,我们有一些固有的、习惯性的看

---

[1] 维特根斯坦,《哲学研究》,楼巍译,上海人民出版社,2019年7月,第一部分第1节。

法，而后期维特根斯坦的哲学目的之一，就是打消这些看法，因为这些看法是不对的，它们基于一些误解。哲学有很多主题，随着这些主题的不同，我们的误解也是多种多样的。因此，后期维特根斯坦的哲学呈现出了一种更广阔、更丰富的图景。

那么，"词语的意义就是词语代表的对象"这个看法有什么地方不对吗？好吧，让我们来问一些问题：是所有的词语都代表着对象吗？"今天"这个词代表什么对象，"好"这个词又代表什么对象？你可以像解释"太阳"一词的意义那样解释这两个词的意义吗？如果不行，那么它们就没有意义吗？（以这样的方式，我们开始认识到"词语的意义就是词语代表的对象"这个看法是有问题的。）

这时，我们可能会说："它们肯定是有意义的！"但"今天"这个词的意义是什么呢？你能说出来吗？注意，如果有人问我们："什么是今天？"其实这个问题就是："什么'今天'一词的意义？"对于这个问题，我们会怎么回答呢？今天就是"today"？但这只是符号的替换罢了。我觉得我们最终可能只能说："今天就是今天！"这什么也没说。对于某些词，比如对于"你和我去吃饭吧"中的"和"，对于"今天"，似乎任何的解释或定义都是不可能的。我们前面谈到名称的时候其实已经提到了这种不可定义的词（《逻辑哲学论》称它们为原初符号）。

那么，这两个词没有意义吗？这个问题让我们有点尴尬，我们不愿意承认它没有意义，却又说不出它的意义。

第五讲

那怎么办呢？让我们来看看如下这个小场景：

> 我让某人去购物。我给他一张纸条，上面写着"五个红苹果"。他将这个纸条递给卖家，后者打开那个上面写着"苹果"的抽屉，然后在一张图表上寻找"红"这个词并找到与之对应的色样，然后他按照顺序念出基数词——我假定他记住了它们——直到"五"这个词。每说一个数词，他就从抽屉里拿出一个与色样颜色相同的苹果。——人们就是以这样的以及类似的方式使用词语的。——"但是他怎么知道该去哪里以及怎样寻找'红'这个词，又怎么知道该拿'五'这个词怎么办呢？"——好吧，我假定他就是像我说的这样**行动**的。解释终有一个终点。——但什么是"五"这个词的意义呢？——这里根本没有说到什么意义，说的只是"五"这个词是如何被使用的。[1]

在这个小场景中，一切都是清楚明白的，直到有人问：什么是"五"这个词的意义？我们该怎么回答？我们根本不必告诉他这个词的意义是什么（实际上也很难回答"什么是'五'这个词的意义"这个问题）。在这个具体小场景中，在语言的实践中，如果这个词有意义，那么**它的意义就是卖家对它的应用**。

这就为前面那个尴尬的问题的解答开辟了一条新的路

---

[1] 维特根斯坦，《哲学研究》，楼巍译，上海人民出版社，2019年7月，第一部分第2节。

线,像"今天"、"和"、"五"这样的词,虽然我们说不出它们的意义,但是我们都能熟练地使用这些词,比如都能用这些词构造各种有意义的句子(问自己一个折磨了很多人的问题:什么是时间?什么是"时间"一词的定义?我们说不出来,但可以用"时间"一词构造有意义的句子,比如"时间到,把电视关掉!")。这些词是有意义的,但它们的意义不是什么对象,而是它们在我们这里的应用。与此类似,我们也可以说象棋的棋子也是有意义的,它们的意义就是围绕着它们的各种应用——各种可能的走法。

当然,人们一般不会这样使用词语,比如一般不会去寻找与"红"一词相对应的色样(虽然可能会查找与"靛蓝"一词相对应的色样),一般不会一边念着"1"、"2"……一边每念一个数字拿出一个苹果,而是直接拿出五个苹果,但是这个例子以一种夸张的表现方式呈现了各种词语的不同用法。卖家的行为清楚地说明了"红"、"五"、"苹果"这些词的用法是**完全不同的**。

这番考察的初步结论是:并不是所有词语都代表着什么对象,但这些词语也是有意义的,它们的意义就是它们在具体的场景和语言实践中的应用,而且不同词语的用法是完全不同的(可以说它们是语言中不同的工具,想一想锤子、胶水、卷尺、螺丝刀,它们都是工具,但用法却很不一样)。

这当然是对早期看法("对象是名称的意义")的一种扭转。

2. 语言游戏

那么，我们是不是可以说某些词语的意义是它们代表的对象，而另一些词语的意义就在于它们在生活场景中的应用？

不是这样的，后期维特根斯坦彻底取消了词语（名称）有意义的内容上的支撑，词语的意义不可能是它们代表的对象。即使有些词语貌似代表了一些对象，它们的意义也不是那些对象，而且，即使是那些貌似代表了对象的词语，它们的用法或者它们与对象的关系也是各不一样的。

举一些能够与对象关联起来的词语的例子吧。我们的语言中有专名，"太阳"就是一个专名，它"专属"于一个对象，我们用它来称呼仅仅一个对象；有种类的名称，比如"苹果"，它并不专属于一个对象，我们可以用它来称呼很多不同的对象；有颜色的名称，比如"红色"，它与我们生活中的对象的关系不同于专名或种类名称与对象的关系，因为它是被用来刻画对象的属性，而不是用来"称呼"对象的；有行为的名称，但行为的名称总是代表着某些对象吗？如果"踢球"这个词代表着人的某些行为，那么"思考"呢？它代表着什么对象？是大脑中的事件还是心灵中的事件？如果是大脑或心灵中的事件，那么我们可以在看到别人在"踢球"这层意义上看到别人在"思考"吗？（请体会一下"踢球"这个词和"思考"这个词的区别,即使它们都被归入行为的名称,即使我们说"它们都是动词!"。)

这番讨论再次表明了后期维特根斯坦在粗糙的地面上考察实际语言的哲学态度。早期维特根斯坦看到的是无差别的、普遍的语言,后期维特根斯坦看到的是多种多样的、现实的语言。后期维特根斯坦曾向他的学生总结自己的教学目标,那就是:"我将教给你们差别!"(这是莎士比亚《李尔王》中的一句话。)换言之就是让学生如其所是地看待语言,看到丰富的差别,而不是像《逻辑哲学论》时代那样忽视差别并追求普遍性。

为了彻底打消"词语的意义就是它们代表的对象"这个看法,我们来设想一个场景和一种用于某个建筑工人 A 和他的助手 B 之间的交流的语言:

> A 用一些建筑石料来建造一座房子,有块石、柱石、石板、横梁。B 按照 A 需要的顺序将这些石料递给他。出于这个目的,他们使用一种由如下词语构成的语言:"块石"、"柱石"、"石板"、"横梁"。A 喊出这些词,——B 把石头搬过来,他已经学会根据某种呼喊来搬动那种石头。[1]

现在问问自己:在这个场景中,"石板"一词的意

---

[1] 维特根斯坦,《哲学研究》,楼巍译,上海人民出版社,2019年7月,第一部分第2节。

义是什么？或者换个更具体的问法：助手 B 在听到"石板"一词时对这个词的理解是什么或者在于什么？或者再换个问法：如果一个人在理解一个词的时候理解或把握到的是这个词的意义（这一点我们在做哲学的时候也会同意的），那么他把握到的这个意义是什么呢？我们在这里很可能会觉得这种意义应该是一种精神性的东西，是心里的东西，因为它是 B 在听到这个词的时候"理解"到的东西，因为"理解"当然是一种精神行为（与之相反，"踢球"则是一种身体行为）。

如果我们将目光着眼于这个使用语言的具体场景，那么我们可以得出如下结论：

首先，我们谁也不会承认**在这个语言活动中**"石板"一词的意义就是一块石板，仅仅知道"石板"这个词代表着石板，肯定是不够的。

其次，我们也会同意助手 B 在听到"石板"一词之时对这个词的"理解"并不是或并不在于比如他的脑海里浮现出一块石板的样子或者有了一个石板的意象，而在于他把石板搬过去递给 A。

最后，B 在理解这个词的时候把握到的那种意义肯定不是 B 脑海中石板的意象或诸如此类的精神性的东西。如果我们不想制造混乱的话，那么我们应该说 B 在听到这个词的时候所理解或把握的任何东西都是不重要的，因为任何出现在他心里的东西都不足以保证他接下来要做的是"拿起一块石板并递给 A"（是啊，B 心里浮现的是石板，拿去的却是一块柱石，难道不行吗？更何况B在听到"石板"一词时很可能心里什么也没有出现），而这才是我们想要的"理解"。而"石板"这个词的意义就是这个词在这个具体场景中的功能或者人们对这个词的应用。

按照"词语的意义就是它们代表的对象"这个说法，一个人知道了一个词代表的对象，也就理解了这个词，掌握了这个词的意义，但是，我们可以看到，知道一个词代表的对象是不够的，光有这一点并不足以让我们说B（B当然知道"石板"一词代表的是什么对象）理解了"石板"这个词。事情已经很清楚了，正如仅知道象棋中的"马"是哪颗棋子并不足以让人因此就知道了该怎么使用这颗棋子，光建立"石板"和对象的联系也不足以让人因此就知道了该如何使用这个词。这么说吧，一个人理解一个词（或者它的意义）就是掌握了使用这个词的技术，一个词有意义就是它在我们这里有稳定的用法。

我们也可以设想A指着一种特定的石料（比如石板），让B说出这石料的名称，如果B说不出，那么A就流露出不满的神情；或者A对B大声地说出"石板"一词，B就在纸上画出石板的样子，如果画得不对，A就惩罚B；还有更简单的，A指着石料大声地说出"石板"、"柱石"这些词，B跟着念……我们可以设想很多这样的场景和语言活动，我们可以把这些具体场景和语言活动视为游戏，各种用语言来玩的游戏，各种语言游戏。这里重要的是要记住语言游戏并不仅仅包含语言，还包括那些生

第五讲

活的场景和各种与说话相伴随的人的行为，语言和人类的生活、行为反应等等紧密地交织在了一起。用维特根斯坦的话说，就是"我也会把那个由语言以及与语言交织在一起的那些行为构成的整体称为'语言游戏'"[1]。

前面提到的那些语言活动都是语言游戏，在不同的语言游戏中，一个词的用法是不一样的，判断一个人是否理解这个词的标准也是不一样的，如果一定要说，那么可以说这个词的意义也是不一样的。

引入"语言游戏"这个说法，看到各种差别以后，"词语的意义就是它们代表的对象"这个想法可能已经被打消了，因为情况比我们以为的要复杂得多。光有对象、光建立词语和对象的联系，根本不足以产生"理解"和"意义"；即使对象是一样的，随着语言游戏的不同，"理解"和"意义"也是不同的；更重要的是，只要在语言游戏中，一个没有代表任何对象的词语也是有意义的。假设"X"就是这样一个词语，每次 A 对 B 喊出这个词，B 就摇摇头，也许还做一个表示蔑视的手势。这样的词语也能被语言游戏所吸收，因此也是有意义的。我们可以设想这是一个两人相互逗乐的语言游戏。

前面说了，后期维特根斯坦取消了名称有意义的内容上的支撑，保留并深化了形式上的支撑。"取消"现在应

---

[1] 维特根斯坦，《哲学研究》，楼巍译，上海人民出版社，2019 年 7 月，第一部分第 7 节。

该可以理解了，意义和对象的联系被割断了，现在来说说"保留"和"深化"。

所谓形式上的支撑，说的是名称只有具备与其他名称结合成命题的可能性，只有作为一个语言系统的一员，才是有意义的，但"与其他名称结合成命题"就是名称的应用，正如我们说不出"今天"一词的意义，却可以将它与其他词语结合成各种有意义的命题，这是词语的应用，而且是十分重要的应用。后期和早期维特根斯坦都强调词语的应用，这是完全一致的，这就是"保留"。另一方面，"语言游戏"的引入让我们看到了更广阔的语言使用的场景，前面谈到词语的意义是它们在语言游戏中的应用，但这应用不是与其他词语组合成命题（刚才的几个语言游戏中只有"石板"一个词），因此对应用的强调在后期得到了扩展和深化。

3. 家族相似

后期维特根斯坦的写作语言很日常，很少使用术语，"语言游戏"算是一个术语，"家族相似"算是另一个。对于我们接下来的理解而言，这两个术语都很重要。

"家族相似"这个概念的引入和两个貌似毫无关系其实关系密切的看法有关：一个是所有可被归入同一概念之下的对象一定有一个共同之处，一个是我们对语言的使用是一种特殊的演算活动。我相信早期维特根斯坦或隐或显

第五讲

地持有这两个看法，后来，正是在打消这两个看法的过程中，"家族相似"出现了，这当然也是后期维特根斯坦对自己早期看法的批评。

先说第一个看法。

随便举个例子，"游戏"是一个概念，我们把很多东西都称为游戏。此时我们可能会有这样的想法：所有的游戏都可以被归入到"游戏"这个概念之下，我们都可以用"游戏"这个词（先不要管概念和词的区别）来作为它们的名称，既然这样，一定有一个特征是为所有游戏所共有的，这个特征贯穿了所有的游戏，一个东西，只要它是游戏，就一定具备这个特征，否则我们怎能如此熟练地把一个东西称作"游戏"呢？又怎能如此熟练地把游戏和不是游戏的东西区分开来呢？一个新出现的东西，我们能够正确地判断它是或者不是一个游戏，这恰恰是因为那个特征是存在的，我们就是将这个特征当作标准来进行判断的。

如果真有这样一个贯穿了一切游戏的特征（只要是游戏，就必须有这个特征），那么我们就可以借助这个特征划出一个边界，所有具有这个特征的东西都是游戏，都在这个边界之内，所有不具有这个特征的东西，都在边界之外。我们会想：如果没有这个边界，那岂不是所有东西都可以是游戏了？

由于用"游戏"一词来称呼某个东西，以及判断一个新出现的东西是不是游戏，都是在使用"游戏"这个词，但是，假如没有那个边界的话，这些活动是不可能的，因为我们失去了判断一个东西是不是游戏的标准，因此我们似乎也就无法正确地使用"游戏"这个词了。这样一来，这个边界也就成为了我们使用"游戏"一词的规则。我们正是借助这个规则来判断一个东西是不是游戏的，没有这个规则，我们似乎就无法正确地使用"游戏"这个词了。

更重要的是，如果没有这个边界或规则，我们在说出"游戏"一词时就不知道自己意谓的是不是游戏了，一个人在听到"游戏"一词时也不知道自己理解到的是不是游戏了。你没有了标准。更糟糕的是，如果没有那个标准，你不仅不知道你用"游戏"一词意谓的是不是游戏，你甚至不知道你用"游戏"一词意谓的是什么。一个你既不能判断它是也不能判断它不是游戏的东西，你能知道它是什么吗？你说得出来吗？我们似乎会陷入一种原始的混沌。

但是，我们肯定不愿意承认自己无法正确地使用"游戏"这个词，不愿意承认自己在说出或听到"游戏"一词时不知道自己意谓或理解到的是不是游戏，因此那个特征，那个边界，那个规则，一定是存在的！

应该说，上面这些结论，我们在"想"的时候，似乎是完全没有问题的，而且来得十分自然而流畅。

再说第二个看法。接下来我们继续来"想"。

看到一句话，比如"孩子们在玩游戏"，你立刻把握到了它的意义，用早期维特根斯坦的术语来说，你立刻把握到了它"描画"的是什么。但"孩子们在玩游戏"是一句话、一串符号，这句话、这串符号和现实中孩子们在玩游戏的场景相似吗？完全不相似。但你理解这句话之后立刻知道它描画的是一种什么样的场景，立刻知道如果它为真那么真实情况是怎么样的。那么，这是如何可能的呢？是什么把这串符号翻译成了与之完全不相似的（可能的）现实场景呢？

我们倾向于给出的答案是：是我们的思维活动或者精神活动，是理解。我们可能会这样想：看到一句话（它只是符号），我理解了这句话，也就把握到了意义，这是我借助"理解"这种思维活动将一串符号翻译成了可能的现实；说出一句话（它也只是符号），我意谓了这句话，它也就有了意义，这是我借助"意谓"这种思维活动将可能的现实编码到一串符号之中了。

为了向自己证明这一点，我们可能还会这样想：同样的一句话，对于不"理解"它的人而言，什么也没说，对于"理解"它的人而言，就有着充分的意义；同样的一句话，在边说边"意谓"它的人这里，就有着充分的意义，而在随口乱说或者精神错乱的人（总之是不"意谓"它的人）这里，就毫无意义。

这种翻译活动被设想成在大脑或心灵中进行的演算（设想某人要在钢琴上把复杂的乐谱翻译成复杂的旋律）。在总结自己过去的看法时，后期维特根斯坦曾说过："在搞哲学的时候，我们经常把对词语的使用拿来与按照固定规则进行的游戏和演算作比较……只有当人们更清楚地把握了理解、意谓、思考等概念的时候，所有这些才会在正确的光照下出现。因为如下这一点也会在那时变得清楚起来：是什么能够引诱我们（而且已经引诱了我）认为说出一个句子并且意谓或理解这个句子的人是在按照确定的规则进行演算。"[1]

这也清晰地表明了第一个看法和第二个看法之间的紧密联系，因为演算是需要规则或边界的，如果我们的心里没有规则或边界，我们怎么能进行正确的演算呢？我们怎么能知道"孩子们在玩游戏"中的"游戏"指的是什么，"孩子"指的又是什么呢？我们怎么能从这句话、这串符号中演算、翻译出那个可能的事态呢？

好了，现在全部的理论构造已经完成了，它们无疑都是我们"想"出来的。现在轮到我们来问这样一个问题：情况真是这样的吗？如果我们不去"想"，而去"看"，不去进行理论构造，而去查看语言的真实情况，那么情况会是怎么样的呢？

真实情况就是：那个贯穿一切的特征并不存在。让我们继续以"游戏"为例，来看看维特根斯坦自己是怎么说的吧：

考察一下我们称之为"游戏"的活动。我的意思是棋类游戏、牌类游戏、球类游戏、角力游戏，等等。所有这些的共同之处是什么？……如果你去看，你是看不到所有

---

[1] 维特根斯坦，《哲学研究》，楼巍译，上海人民出版社，2019年7月，第一部分第81节。

第五讲

这些的共同之处的,但是你会看到相似性、亲缘关系,也就是一整系列这样的东西。就像前面说过的:不要想,而要看!——比如,来看看棋类游戏,看看它们的形形色色的亲缘关系。现在转到牌类游戏:这里你会发现很多与第一类游戏相应的东西,但是很多共同点消失了,另一些共同点又出现了。如果现在我们转到球类游戏,那么很多共同点仍保留着,很多消失了。——它们都是"娱乐性的"吗?比较一下象棋和连珠棋。或者总有输赢?游戏者之间总有竞争?想想单人牌游戏吧。在球类游戏中有输赢,但是如果一个孩子把球扔到墙壁上再接住,那么这个特点又消失了。看看技巧和运气扮演着什么样的角色,而象棋的技巧和网球的技巧是多么的不同。现在再想想跳圈圈游戏:在这里有娱乐的元素,但很多其他具有标志性的特点又消失了!我们可以这样把很多很多其他类型的游戏都过一遍,看到相似性出现而又消失。

这种考察的结果就是:我们看到了一张由彼此交叉重叠的相似之处构成的复杂网络。那大大小小的相似性。[1]

于是就出现了"家族相似":

我没法以一种比借助"家族相似"一词更好的方式来刻画这些相似性了,因为家庭成员之间的各种相似性也是

---

[1] 维特根斯坦,《哲学研究》,楼巍译,上海人民出版社,2019年7月,第一部分第66节。

如此的交叉重叠：身材、面部特征、眼睛的颜色、步态、性格，等等，等等。——我会说："游戏"形成了一个家族。[1]

当我们不去"想"，而去看的时候，我们发现，即使没有那个贯穿一切游戏的特征，没有边界，没有规则，也并不影响我们对"游戏"一词的正确使用，我们实际上并没有陷入混乱，混乱似乎也是我们"想"出来的东西：

游戏概念究竟怎样才能被封闭起来呢？什么仍然是游戏，什么不再是游戏了？你能给出界限吗？不能。你可以**划出**界限：正因为还没有任何界限。（但是，当你以前使用"游戏"一词时这并未妨碍到你。）[2]

是啊，到目前为止我们谁也没有给出过"游戏"一词的边界，但我们以前对这个词的使用有问题吗？毫无问题。而且你想要一个边界的想法恰恰说明了本来就没有边界，要不然你就不必去"想要"一个边界了。

适用于"游戏"这个概念的上述结论，也适用于大部分的概念，比如"孩子"、"红色"、"苹果"，等等。顺便说一下，所谓的概念，就是我们可以把很多实例、对

---

[1] 维特根斯坦，《哲学研究》，楼巍译，上海人民出版社，2019年7月，第一部分第67节。
[2] 维特根斯坦，《哲学研究》，楼巍译，上海人民出版社，2019年7月，第一部分第68节。

第五讲

象归置在它之下的东西。在这个意义上,像"太阳"、"苏格拉底"这样的专名就不是概念。

既然可被归入同一概念之下的所有对象的共同特征并不存在,那也就无所谓边界和规则了,也就无所谓"说出一个句子并且意谓或理解这个句子的人是在按照确定的规则进行演算"了。

不过,"家族相似"的作用并不仅仅在于用来与概念的边界、使用词语的规则以及(建基在它们之上的)演算形成一个对照,它在后期维特根斯坦的哲学中还有更重要的作用。

而这就是下一讲的内容。

第六讲

反本质主义

第六讲

1. 家族相似 VS 本质

让我们来回顾一下上一讲最后讲到的"家族相似"。

如果我们去"想",我们就会想当然地认为所有可被归入到同一个概念(比如"游戏"这个概念)之下的对象一定有一个共同特征,有了这个特征,也就有了这个概念的边界,把所有可被归入到这个概念之下的对象和其他对象一劳永逸地区分了开来,而这同时也就是使用这个概念、这个词的规则,因为该不该用比如"游戏"一词来称呼某个东西就取决于这个边界。

但是,如果我们去"看",去看看实际的游戏是怎么样的,我们是找不到那个共同之处的,我们看到的是各种游戏之间错综复杂的相似性,这就是家族相似。维特根斯坦曾经打过这样的比方:"就像我们在纺线时把一根纤维和另一根拧在一起,这根线的强度并不在于某一根纤维贯穿了整根线,而在于很多纤维彼此重叠在一起。"[1]

我们遇到的大部分概念都是这样的,它们都没有明确的边界,但这并不影响我们对它们的正确使用。

这时我们不要陷入这样的一种误解:一般情况下,我们都能正确地使用"游戏"一词,正确地判断某个东西是不是游戏,这没错,但是,为了对这种能力作出解释,

---

[1] 维特根斯坦,《哲学研究》,楼巍译,上海人民出版社,2019年7月,第一部分第67节。

我们原来需要那个贯穿一切游戏的特征,需要这个概念的明确边界,现在这些都没了,留给我们的是复杂的家族相似,那么现在我们是不是得用家族相似来解释我们正确使用这个词的能力了?正因为各种游戏之间存在着家族相似,所以我才能把一个东西称为"游戏"。

不是这样的,我们使用语言的能力是不可解释的,"解释终有一个终点"[1],我们能使用语言这个事实比我们用来解释这个事实的任何其他事实都要原始。这么说吧,在一个使用语言的社会中,生活在这个社会中的孩子能够学会语言,这一点是一种不可解释的原始现象。

现在我们来谈谈本质主义。"本质"这个词在哲学中当然是十分重要的,有时候我们会说"哲学家的傲娇就在于,在普通人只能看到现象的地方,哲学家能把握到本质",以及"我们要透过现象看本质",好像本质是一种在现象背后并且高于现象的东西。是啊,如果所有的游戏都必须有一个共同的特征,如果没有这个特征就不是游戏,那么这个共同之处当然获得了比个别物更高的逻辑地位,因为这个共同的特征成了规定一个东西是不是游戏的先决条件。

因此,蔑视现象,蔑视个别,蔑视例子,崇拜共同之处,崇拜本质,坚信所有现象背后一定还有一个贯穿了所

---

[1] 维特根斯坦,《哲学研究》,楼巍译,上海人民出版社,2019年7月,第一部分第1节。

第六讲

有例子并适用于所有例子的本质,这种本质主义的思考方式似乎是我们做哲学时默认的思考方式。也可以说这就是传统哲学的思考方式,而这恰恰是后期维特根斯坦要反对的。

让我们来举几个例子吧(这个例子就出现在《哲学研究》第一部分第33节),后期维特根斯坦的写作特点就是从具体例子出发来讨论抽象问题。

有一种叫作"指物定义"的语言游戏,那就是指着一个东西向别人定义一个词。假设你不明白"赭石"一词的意义,某人指着一块布料为你定义"赭石"这个词:"这就是赭石。"你觉得这完全没有问题。但事情没有那么简单,我们现在假设你在得到这个指物定义之前是不理解"赭石"这个词的(如果你本来就理解,那就不必劳烦别人来指物定义了),换言之就是你事先并不知道"赭石"代表了一种颜色,那么,别人指着一块布料对你说"这就是赭石"的时候,你怎么知道"赭石"一词指的是布料的颜色呢?你怎么知道"赭石"(反正你也不理解这个词)一词指的不是布料的形状呢?得到"这就是赭石"这个指物定义之后,你理解到"赭石"的意思是"长方形"(假设布料是长方形的),并且以后在描述一个长方形的东西时会说"这是赭石",这难道不行吗?

这时,你会说:"这个简单,我只要知道别人指的是布料的颜色还是形状就可以了。"

好吧,让我们来问问:"指布料的颜色"在于什么?

"指布料的形状"又在于什么呢？现在请你（没错，就是读者你！）拿出一张纸，一下"指它的颜色"，一下"指它的形状"，看看你在做什么，你是怎么做到一下"指它的颜色"，一下"指它的形状"的？你会说你把注意力一下集中在纸的颜色上，一下集中在纸的形状上了。但是，这又在于什么呢？

我们当然同意，你在将注意力集中在颜色上和集中在形状上的时候，你做的肯定是不一样的事情，你肯定做了两件事，这两件事就是"注意力集中在颜色上"和"注意力集中在形状上"（这些几乎都是废话）。那好，这样一来，你一定会认为当你**每次**将注意力集中在颜色上的时候，你一定在做着**同一件事**。

现在有没有体会到那种本质主义的思考方式？你不会凭空将注意力集中在颜色上，你一定是在一个特定的场合中这样做的，而这些情况、场合是很不一样的，有时你在商场买衣服，有时你在调颜色，有时你干脆就在做实验（拿一张纸做刚才的实验），但你认为这些都不重要，都是例子，在所有这些例子的背后，一定有贯穿这些例子的共同之处，它才是"将注意力集中在颜色上"。

维特根斯坦描述了很多"将注意力集中在颜色上"的例子：

"这种蓝色和那边的蓝色是一样的吗？你有没有看出什么区别来？"

你在调颜色，并且说："天空的这种蓝色很难调出来。"

第六讲

"天变好了,又见到蓝天了!"
"看哪,这两种蓝色看上去多么不一样啊!"
"你看到那边那本蓝色的书了吗?请把它拿过来。"
"这个蓝色的信号灯的意思是……"
"这种蓝到底叫什么?——是不是'靛蓝'?"[1]

在所有这些例子中,我们都可以说你"将注意力集中在了颜色之上",现在问问自己,所有这些例子的共同之处是什么?你在所有这些情况下都做的那件完全相同的事情是什么?

想象一些答案并不难,比如"我用手挡住某个东西的轮廓,或者我不去注意某个东西的轮廓,或者我盯着这个东西的表面并且试图回忆在哪里见过这种颜色,等等,以此来将注意力集中在它的颜色之上"。

但是,这些事情中的某一件在每次你集中注意力于颜色的时候都发生了吗?你会发现你并不想这么说。

现在让我们把这个问题搞得更尖锐一点。我们都同意,你在将注意力集中在颜色上和集中在形状上的时候,你做的肯定是两件完全不同的事情,正是这两件不同的事情把这两个情况区分了开来。现在设想这样一个语言游戏:你和同伴一起去商场买衣服,同伴拿起一件外套,对

---

[1] 维特根斯坦,《哲学研究》,楼巍译,上海人民出版社,2019年7月,第一部分第33节。

你说"你看这颜色，好不好看？"，你看了一会，说"好看！"，此时你当然是把注意力集中在颜色上了，过了一会，你的同伴又拿起一件外套，对你说"你看这款式，今年很流行的！"，你看了一会，说"好看！"，此时你当然是把注意力集中在了形状上。

那么，是什么将两个情况区别开的呢？如果你真有这样的体验，那么你完全可以回忆一下当时发生的一切：同伴对你说"你看这颜色"以及"你看这款式"，你看了第一件外套，又看了第二件外套，你都给出了"好看！"的评价，你在两种情况下**做的事情可能是完全一样的**。商场那么嘈杂，你又是那么的疲惫（陪同伴逛街是很累的），你可能甚至连"用手挡住某个东西的轮廓，或者不去注意某个东西的轮廓，或者盯着这个东西的表面……"这样的事情都没有去做。

那么，我们不禁要问，是什么将"一次是将注意力集中在颜色上"和"一次是将注意力集中在形状上"区别开来的呢？答案是：情境。

什么是情境？情境是一种社会性的东西，这是因为很多语言游戏就是在各种具体的生活场景中发生的。就当下这个例子而言，简单说来，情境就是你"注意力集中在颜色上"（看第一件外套）以及"注意力集中在形状上"（看第二件外套）这两件事发生之前和之后的事情，换言之就是那些围绕着这两件事的东西，那个背景，那些前因后果。比如，你们是在商场里，你们在逛街，你的同伴先

第六讲

是拿起一件外套对你说"你看这颜色……",后来又拿起另一件外套对你说"你看这款式……",这两个情境是不一样的。正是不同的情境让你"看一件外套"这回事一次是将注意力集中在颜色上,一次是将注意力集中在形状上。也正是在具体的情境中,我们才能说你在看着外套的时候是"将注意力集中在了颜色或形状上"。设想一下,如果把你的"看一件外套"这个动作从这两个情境中分割出来(就只有这个动作),那么也许它只是"看一件外套"而已,甚至可能连这个都不是,因为你可以"看起来看着一件外套而实际上并不在看这件外套"。这很容易设想,你在想着另外的事,根本没有把注意力集中在任何东西之上。

好了,让我们来总结一下吧。

一、本质主义的思考方式让我们认为每次当我"集中注意力于颜色"的时候都在做着唯一一件事,我们会把这件事称为"集中注意力于颜色",它贯穿了你集中注意力于颜色的所有例子,但我们去查看各种例子的时候却找不到唯一一件这样的事,我们找到的是一系列彼此相似而又彼此有区别的行为、活动,一个巨大的事例的家族。

二、而且,在某些情况下,你"集中注意力于颜色"和"集中注意力于形状"时所做的事情很可能是一样的,将二者区分开来的是它们发生于其中的那些场景、情境,这说明对"唯一一件事"(如果是两种情况的话,那就是两件完全不同的事)的假设毫无意义。

三、我们得承认，在你"集中注意力于颜色"的时候，是可能会发生一些富有特征的事情，比如"用手挡住某个东西的轮廓"、"盯着这个东西的表面……"之类的，但这些事情并不会在所有你"集中注意力于颜色"的时候发生，而且，即使有一件事，比如"用手挡住某个东西的轮廓"，在所有你"集中注意力于颜色"的时候都发生了，光有这件事也不足以让我们说你正在"集中注意力于颜色"，因为你完全可以"用手挡住某个东西的轮廓"而没有将注意力集中在颜色之上，使我们能够说你在这样做的时候正"集中注意力于颜色"的，恰恰是那个不可还原的背景，那个情境，比如你在上艺术鉴赏课。

四、正如油画中的一笔只有在整幅油画中才是眼睛或眉毛，分割出来就什么都不是，人的行为活动也一样，从情境中分割出来后，它们就什么也不是了（"拍手"在一个特殊的情境中是"鼓掌"，在另一个情境中是锻炼身体……如果从**所有情境**中分割出来，那其实也就什么都不是了）。

2. 剥洋葱的比喻

即使你接受上面所有的结论，你还可以这样回嘴：是啊，在所有的这些例子中，我们是找不到唯一一件可被称为"集中注意力于颜色"的事情，我们找到的是一系列具有家族相似的行为、活动，但这恰恰说明了它们都不是

"集中注意力于颜色"本身,实际上,"集中注意力于颜色"一定是一种不可见的行为,是一种精神行为。

维特根斯坦无疑预料到了这个看法,他说过:"因为我们无法给出**单独一**种被称为'指向形状'(相对于比如指向颜色)的身体行为,所以我们就会说与这话相对应的是一种**精神**行为。"[1]

那么这精神行为是一种心灵活动,还是一种大脑活动?让我们再举一个例子,即"理解"的例子。《哲学研究》第一部分第 151 节谈到了这个例子。

现在我们把建筑工人 A 和助手 B 换成中学生 A 与 B,设想这样一个语言游戏:A 正在写一串数字,B 看着,试图在数字中寻找规律,如果他找到了规律,他就打断 A 并且自己把数列继续下去,有时还会喊道"现在我能够继续下去了!"

这当然是"理解"的典型例子。我们可能会认为这种"理解"是某种瞬间出现的事件,甚至还会伴随着某些富有特征的经验。回忆起这些经验并不困难,比如那种振奋的感觉,恍然大悟的感受,等等。

我们来看看,这里出现的会是什么呢?当 A 写下 1,5,11,19,29 这个数列的时候,B 在一旁看着,这时会发生什么呢?这时可以发生多种多样的事情(和前面的

---

[1] 维特根斯坦,《哲学研究》,楼巍译,上海人民出版社,2019 年 7 月,第一部分第 36 节。

"集中注意力于颜色"的情况是类似的）：

一、当 A 逐个写下那些数字时，B 在写下的数字上面尝试各种代数式。当 A 写下 19 这个数字的时候，B 用 $a_n = n^2+n-1$ 这个公式试了试，接下来那个数字证实了他的看法。

二、B 没有想到任何公式，他带着某种紧张的感觉观察 A 写下的那个数列，与此同时各种模糊的想法掠过他的脑海。他问自己："前一个数和后一个数的差数是什么？"他发现那是 4，6，8，10，然后说："现在我能够继续下去了！"

三、B 看着 A 写下那些数列，突然说道："这个系列我知道的。"然后就继续下去了。这就像当 A 写下的是 1，3，5，7，9 这个系列的时候他会做的那样。

四、B 什么也不说，只是将这个系列继续下去了，可能当时还会有一种可以被称为"这也太简单了"的感觉（相信我们对这种感觉并不陌生）。

在所有这些情况下，我们都会说 B "理解"了这个数列。

但是，首先，我们似乎无法在这里找到唯一一个事情，它就是那个"理解"或"理解本身"。

其次，就单个例子而言，我们似乎不愿意说"理解"就是"B 想到了那个公式"，因为 B 完全可以想到这个公式而没有理解，比如他接下来立刻把应用这个公式的方法给忘了；我们也不愿意说"理解"就是"B 问自己两个数

第六讲

的差数是什么……",因为完全可以设想即使这一切都发生了,B接下来却卡住了;我们也不愿意说"理解"就是B说的那句话,即"这个系列我知道的",因为B可以说了这句话而又继续不下去了,我们也不愿意承认"理解"就是那种"这也太简单了"的感觉,因为B可以有这种感觉而又继续不下去了。

于是你会认为这些全都是"理解"的外在表现或者伴随现象,在所有这些活动背后,一定还有一种心灵活动,它隐藏在它们的背后,如果不是心灵活动,那一定是大脑活动,它才是真正的"理解",那个不变的、本质性的东西。

是啊,尽管我们其实并不了解"心灵"(问问自己,一方面,你对"心灵"的了解有多少?另一方面,我们都说人是有"心灵"的,但人是怎么"有"心灵的呢?这个"有"是什么意思?是像"我有十块钱"那样,还是如"我有一个大脑"那样?),但是我们会如此坚信"理解"是一种心灵活动。

此外,尽管我们其实并不是很了解大脑,什么脑电图、神经元之类的,但我们也会如此坚信"理解"不是心灵活动就一定是大脑活动。

但是,首先,你说有一种心灵活动(或大脑活动)隐藏在所有这些表现的背后,即使你找到了它,你怎么知道它就是理解呢?这难道不也只是一个尚待验证的假设吗?(为什么你如此确定?)如果说"理解"本身是隐藏的,是看不见的，那么我们怎么知道要找的东西就是它呢？就算找到了，难道我们不能想象它背后还有隐藏着的进一步的东西吗？这种心灵活动或大脑活动难道不能也只是"理解"的伴随现象吗？难道我们不会以为自己找到而其实弄错了吗？

用维特根斯坦自己的话说就是：

> 我们试图去把握理解的心灵活动，看起来它就好像隐藏在那些更为粗糙的，因而落入我们眼帘的伴随现象的背后。但这没有成功。或者，更正确地说来，它还根本不是一种真正的尝试。因为，即使假定我找到了在所有理解的情况中都发生的那个东西，——为什么它就应该是理解呢？[1]

其次，你说理解是一种心灵活动或大脑活动，那么当你"理解"的时候，这种心灵活动或大脑活动一定是存在的喽，但是假设你后来发现自己不理解，无法继续将这个数列继续下去了（这种情况经常出现），那又怎么说呢？你是该说"我当时其实不理解"还是"理解后来消失了"？第二种说法就先不谈了，如果你说"我当时其实不理解"而又坚持认为"理解"是一种大脑活动，那么这是不是意味着当时那种大脑活动既存在又不存在？这难道不

---

[1] 维特根斯坦，《哲学研究》，楼巍译，上海人民出版社，2019年7月，第一部分第153节。

第六讲

是一种矛盾吗？

前面说过了，在所有那些情况下，我们都会说 B "理解"了这个数列，这恰恰就是我们对"理解"一词的日常用法，我们在具体的语言游戏中就会这样使用这个词。如果你认为这些都不是真正的"理解"，都只是理解的"表现"或者"外衣"，理解就像一个核心一样隐藏在所有这些表现的背后，于是你去寻找那个真正的"理解"，你一片一片地把这些"表现"剥除了，发现里面什么也没有剩下来，"为了找到真正的洋蓟，我们剥去了它的叶子"[1]，结果里面空空如也（洋蓟就是这样的东西）。这就是本质主义的思考方式的典型结果。

我们可以说洋蓟的所有叶子都是理解的例子，换言之，前面说的那些情况都是理解的例子，这些例子构成了一个被称为"理解"的大家族。洋蓟是空的，理解的本质是不存在的，如此而已。

前面，为了引出那个想要把某种心灵或大脑活动当作"理解"的本质主义者，我们提到了 B 可以想到这个公式而没有理解，因为他接下来可能立刻把应用公式的方法给忘记了，但这恰恰是因为我们把"B 想到公式"这回事从它所处的情境中分割出来了，如果不分割出来，如果是在具体的情境中，我们肯定会因为"B 想到公式"而说"B

---

[1] 维特根斯坦，《哲学研究》，楼巍译，上海人民出版社，2019 年 7 月，第一部分第 164 节。

理解了"。在这里，我们对"理解"一词的使用是正确的，即使 B 后来真的忘了应用公式的方法，无法将这个数列继续下去了（这样的经验事实并不影响我们对词语的使用）。我们会想："B 这是怎么了，难道短暂性失忆了？"

在谈到"理解"的时候，维特根斯坦再次强调了情境的重要性：

如果"在说出这个公式的背后"非得有什么东西的话，那么它就是**某些情境**，正是这些情境让我在想到某个公式的时候有权利说"我能够继续了"。[1]

我想说：如果他忽然知道该怎么继续下去了，如果他理解了这个系统，那么他大概会有一种特殊的体验——当人们问他"你突然理解那个系统的时候是怎么样的，那时发生了什么？"的时候，他也许就会去描述这些体验，类似于我们前面对其的描述。——但是，对我们来说，使他在这种情况下有权利说"我理解了"以及"我知道该怎么继续了"的东西，就是他在其中具有这种体验的那个**情境**。[2]

---

[1] 维特根斯坦，《哲学研究》，楼巍译，上海人民出版社，2019 年 7 月，第一部分第 154 节。
[2] 维特根斯坦，《哲学研究》，楼巍译，上海人民出版社，2019 年 7 月，第一部分第 155 节。

3. 给哲学带来安宁

你可能还是觉得不满意，你可能会想：是不是我们观察这些现象的手段太粗糙，不足以把握到"理解"本身呢？是不是那种"理解"来得太短暂，我们无法像研究一种植物那样研究它呢？如果我们能够轻松地、持续地考察"理解"这种现象，我们一定会找到"理解"本身的。

那么我们来做这样一个实验吧（《蓝皮书和棕皮书》第 172 页提到这个实验），别人向你展示各种词语（有的可能是随意编造的），你要根据你是否理解它而给出"是"或"否"的答案，这是一个十分简便的实验，我们能够轻松地、持续地考察"理解"这种现象了。

现在我们来考察当我们理解某些词以及不理解某些词的时候，那种"理解"或"不理解"在于什么，我们会有什么样的经验，我们心里发生了什么。

一开始，我稍微有点紧张地等别人向我展示那些词。看到"妈妈"一词，我松了一口气，笑着说："是。"看到"六分仪"一词，我心里模模糊糊地想到了一些东西，"那肯定是一种仪器"，但我不知道它到底是什么，我回答："不。"看到"evergreen"，我看到这个词是将"ever"和"green"两个词合并了起来，我想它应该是"一直都绿、常绿"的意思，于是我回答："是。"看到"穷奇"一词，这是一个很不常见的词，我觉得自己似乎理解它，后来我想到在一本神话书上看到过，我说：

"是。"看到"绿搭"(这是为了这个实验而编造的词)一词,有点搞笑,可能是一个恶作剧,我回答:"不。"

是的,正如这个实验所揭示的,在我"理解"的那些情况下,是会有一些这样的体验或经验,我已经刻画了一些,在我"不理解"的那些情况下,也会有一些特定的体验或经验,那种茫然的感觉,那种搜索枯肠想要回忆起它们的意义的感觉,但是很明显并没有一种体验出现在所有"我理解"的情况中,也没有一种体验出现在所有"我不理解"的情况中。

而且,在大多数的情况下,比如我看到的是"杭州"、"红色"、"气球"这样的词,我根本说不出自己会有什么体验,根本没有意识到这里发生了什么,我只是简单地说了"是"或"不"。

此外,即使我会有一些经验、体验(很可能是对一个词的私人性的体验),比如"荒野地"这个词总会让我的脑海里浮现出北方的风景的画面(可能源于小时候看过的一篇文章),但这些体验和我对这个词的理解与否毫无关系。

所以"理解"似乎也不是一种特定的体验或经验。实际上,我们一直在纠正"理解是个'什么'"这样的说法。

此时,你可能会回嘴:"但是,在理解'妈妈'这个词的时候,你那里肯定发生了一些什么,你肯定会有一种熟悉的感觉,这种感觉在你见到'绿搭'的时候当然是没有的。"

要记住,在做哲学的时候,换言之就是当我们现在特

第六讲

地把"妈妈"和"绿搭"这两个词放在一起比较的时候，我自然会倾向于说我在理解"妈妈"的时候有一种亲切的、熟悉的感觉，这种感觉似乎构成了"理解"的一个重要部分，这种感觉在"绿搭"这里当然是没有的。但是，我每次在理解"妈妈"一词的时候都会有同样的感觉吗？我是否每次在看到这个词（比如在报纸上看到这个词），或者自己在使用这个词的时候，都有这种感觉？我是否记得我以前确实有过这样的感觉？还是现在觉得我应该有这样的感觉？

但是，话又说回来，如果说这里构成"理解"的全部就只是我看了看一个词然后说"是"，似乎又是不对的，就好像我是一个机器人，就好像整个过程只是给机器人看一个词，然后机器人给出一个回馈（"是"或"不"），当然也是不对的。我不承认我和这些词语的关系是那种输入和反馈的关系。

那怎么办呢？维特根斯坦写道："我们在这里处于一种奇特的困难中：一方面，我们似乎没有任何理由说在我们理解一个词的所有例子都存在一种特定的经验——甚至一组经验中的某一种。另一方面，我们觉得要是说在这样一个例子中发生的一切可能只是我听到或说出一个词，也明显是错的。"[1]

---

[1] 维特根斯坦，《蓝皮书和棕皮书》，楼巍译，上海人民出版社，2021年4月，第173页。

我们的思想痉挛了，这感觉就像一个被锁在房间里的人拼命地想要拉开房门然而却做不到（我们从未想过房门其实是要往外推开的），或者就像一只飞入瓶子的苍蝇找不到出口。后期维特根斯坦的哲学的目的，就是纾解我们的精神痉挛，"给苍蝇指出飞出捕蝇瓶的路"[1]。

那么，怎么给苍蝇指出飞出捕蝇瓶的路呢？

首先是要让我们看清楚，**我们所有的困惑都是在做哲学的时候产生的**，在日常情况下，我们根本不会有这样的困惑。正如我们特地将"妈妈"和"绿搭"放在一起比较，我才会说自己在看到"妈妈"这个词的时候有一种熟悉的感觉，这种感觉在看到"绿搭"的时候是没有的，但是，在日常情况下，我看到"妈妈"这个词的时候会有这种感觉吗？不会的。

其次是要让我们明白，当我们去追问"什么是X"的时候，其实我们在追问的是"X"这个词的意义（我们逃不开语言！），然而，正如上一讲已经说过的，词语或者表达式的意义并不在于它们指向了什么东西，在某些特定的情境中，像"集中注意力于颜色"、"理解一个数列"、"理解一个词"这样的表达式是有其意义的，我们对这些表达式的应用是正确的，但它们的意义并不是当我们在比如"理解"的时候发生的任何事情，不论它是经

---

[1] 维特根斯坦，《哲学研究》，楼巍译，上海人民出版社，2019年7月，第一部分第309节。

第六讲

验，是行为，还是心灵或大脑活动。表达式的意义永远在于它们在具体情境中的用法，这也是为什么维特根斯坦如此强调那个不可还原的情境的原因，"微笑的嘴只在人脸上**微笑**"[1]。这里再强调一下，情境是日常性、社会性的，也就是说"做哲学"的状态并不是情境，相反，"做哲学"是脱离了一切情境，此时可以想一想笛卡尔式的沉思。

我相信维特根斯坦做到了这两点。

此外，我觉得我们可以将维特根斯坦的反本质主义概括为这样一句话：**不要去问"理解"是什么，而要问这个词是如何被使用的。**

理解了这一点，也就理解了后期维特根斯坦的很多文本，因为适用于"理解"这个词的分析，也适用于传统哲学关注的大部分词汇，比如"句子"、"知识"（"知道"）、"规则"、"感觉"（"疼痛"）、"善"、"信念"（"相信"）、"读"、"意图"、"意谓"、"期待"、"意愿"、"意志"、"思考"、"意象"、"想象"、"回忆"（所有这些话题都可以在《哲学研究》中被找到）。我们知道，一定有一个用法的大家族、例子的大家族与它们彼此对应，而去问诸如"什么知识"、"什么是想象"这样的问题必定会将人引入黑暗。

---

[1] 维特根斯坦，《哲学研究》，楼巍译，上海人民出版社，2019年7月，第一部分第583节。

第六讲

这一点最明确地表现在维特根斯坦处理"意象"这个话题的时候：

> 必须问的不是什么是意象或者当人们想象某些东西的时候发生了什么，而是"意象"一词是如何被使用的。但这并不意味着我只想谈论词语。因为，如果我的问题涉及的是"意象"这个词，那么在同样程度上追问意象的本质的问题涉及的也是这个词。我只是说，这个问题并不是靠指向某种东西来——无论是向那个想象的人还是向另外的人——解释的。它也不是靠对某个事件的描述来解释的。第一个问题追问的也是对词语的解释，但它却让我们期待一种错误的答案。[1]

理解了上述这些看法，想必也就能够理解如下这个看法了：为了打消我们的哲学困惑，我们根本无需任何新的事实、新的理论、新的材料，根本不必进行任何科学的研究，换言之，我们早已具备了一切，那就是词语或表达式在各种语言游戏中的用法，"这并不是说为此我们应该去发现新的事实：相反，就我们的考察而言，本质之处就在于我们并不想要用它来学习**新的东西**。我们想要**理解**那些已经公然地摆放在我们眼前的东西"[2]。此外，有人主张

---

[1] 维特根斯坦，《哲学研究》，楼巍译，上海人民出版社，2019年7月，第一部分第370节。
[2] 维特根斯坦，《哲学研究》，楼巍译，上海人民出版社，2019年7月，第一部分第89节。

第六讲

维特根斯坦的哲学是一种回忆,因为维特根斯坦说过"哲学家的工作就是为了某个特定的目的而收集回忆"[1],那么要回忆的就是词语或表达式在语言游戏中的用法。

以举例为方法,从一个个具体的话题(比如"理解")开始,打消我们做哲学时产生的困惑,解决我们的哲学难题,纾解我们的精神痉挛,以这样的方式,后期维特根斯坦最终希望给哲学带来一种真正的安宁:

我们所追求的那种清晰性当然是一种**完全的**清晰性。但只是意味着哲学问题应当**彻底**消失。

真正的发现是这样一种发现,它让我能够在我想要的任何时刻停止搞哲学。——它给哲学带来安宁,因此哲学不再为那些让**哲学本身**成问题的问题所折磨。——相反,我们现在用举例来表明一种用法,这串例子是可以中断的。——一些问题得到了解决(困难消除了),而不是**单独一个**问题。[2]

---

[1] 维特根斯坦,《哲学研究》,楼巍译,上海人民出版社,2019年7月,第一部分第127节。
[2] 维特根斯坦,《哲学研究》,楼巍译,上海人民出版社,2019年7月,第一部分第133节。

第七讲

遵守规则的悖论

第七讲

1. 在奇特的光照下

在奇特的光照下，一个原本十分日常的东西（比如一块普通石头）会变得十分奇特，但这恰恰会让人很感兴趣，因为它不再是日常、普通的东西了，人们饶有兴致地从各个角度观看这个东西，得出一些十分奇特的结论，并且自信满满地认为，比起那些总在一般的光线下看这个东西的人，他们有了更多、更深刻的认识，他们觉得自己认识到了某种十分罕见、十分精微的东西。

虽然我们知道这一切都是幻觉，因为一旦那道光线消失了，一切奇特的结论和认识也就消失了，但是我们在做哲学的时候经常会进入这样谵妄的状态，并不由自主地迷恋那种奇特的光线。我们接下来要谈到的，就是当我们在一种奇特的光照下看待"遵守规则"这回事的时候得出的那些奇特的、让我们精神痉挛的结论。有时候，我觉得我们在做哲学的时候想要的恰恰就是这种精神痉挛的感觉（这是一种自命不凡的快乐吗？）。

维特根斯坦在《关于数学基础的评论》和《哲学研究》中都谈到了遵守规则的问题（在其他著作中也零星谈到过），而所谓的"遵守规则悖论"，经过某位当代美国哲学家之手，曾一度是维特根斯坦研究的热点，围绕这一热点，出现了很多二手文献。我们会将这个悖论放回到《哲学研究》的文本背景中加以澄清，但不会去介绍那些纷繁的二手文献了。

第七讲

让我们将建筑工人 A 和他的助手改成数学老师 A 和学生 B，A 给了 B 这样一条规则，那就是"从 0 开始，加 2！"，于是 B 写下 2、4、6、8……这也是一个语言游戏。

这时，你可能会认为 B 对"加 2"这条规则的遵从肯定是不会有问题的，这条规则一定一劳永逸地**决定了** B 接下来的所有行为。我们可以将这种看法称为"规则与行为的刚性联系"。所谓的"刚性联系"，可以想象两个绝对刚性的、不会变形的齿轮卡在了一起，一者的运转必然**决定了**另一者的运转。

结果 B 在 1000 以上写下了 1004、1008、1012……这时 A 对他说："你还是应该加 2，你看看你一开始是怎么做的！"设想 B 说："是啊，我一直是遵从这条规则而行动的呀，我加 2 直到 1000，加 4 直到 2000，加 6 直到 3000。"设想这就是 B 对这条规则的天然的理解，这就像"一个人天生就对别人的指示手势作如下反应，即他是从手指到手腕的方向而不是从手腕到手指的方向看的"[1]。

如果你觉得这个例子太荒诞，那么就先问自己这样一个问题：一边是提供给 B 的"加 2"这条规则，它只是一个符号，或一串声音，一边是 B 这个人的行为（这里是写下一个数字），那么，一串符号在何种意义上能够**决定**一个人的行为呢？换言之，规则和行为之间的联系是怎么来的呢？

---

[1] 维特根斯坦，《哲学研究》，楼巍译，上海人民出版社，2019 年 7 月，第一部分第 185 节。

第七讲

首先，你会发现你想到的肯定不是这串符号以因果的方式（就像服用某种药物让人呕吐）作用于 B 的大脑或者手臂上的神经，让 B（就像遵从自然规律地）如此这般地行动起来，很明显，规则不是一种药物；其次，你也不会认为这串符号和 B 的行为之间的联系是一种基于经验的、基于观察的、归纳出来的联系。所谓"基于经验的联系"，就是说我们是通过观察发现"加 2"这个规则和 B 的行为的有规律的联系的（就像我们是通过观察发现某种动物在听到某种声音的时候总会表现得焦躁不安的）。比如，我们通过观察发现，以前 B 在得到"加 2"这个规则的时候，都会在 0 后面写下 2，在 2 后面写下 4……等等，因此我们可以预测 B 下次也会在 0 后面写下 2，在 2 后面写下 4。

在思考"加 2"这条规则和 B 的行为之间的联系的时候，我们当然不会想到这两种"联系"。规则和行为的关系并不是催吐药和呕吐的关系，也不是通过经验归纳出来的联系。

前一个看法是容易理解的，为了理解后一个看法，可以问问自己：我们真的需要通过对 B 过去的行为的观察，通过某种经验归纳，来预测 B 接下来会做什么吗？我们真的进行归纳了吗？我们可以通过经验和观察来**发现**某种声音和动物的行为的联系，但我们不会去**发现**规则"加 2"和 B 的行为（我们自己的行为也一样）之间的联系，这种联系根本就不是我们要去"发现"的东西。我们会说：

"它早就在这里了!"

既然"它早就在这里了!",那它又是怎么来的呢?问题还不是回到了原点?

此外,如果 B 就是在 1000 以上写下 1004、1008……我们又该怎么办呢?那么它毕竟又不是"早就在这里"?那该怎么办呢?此时,我们的精神痉挛是不是又开始了?那种刚性的联系(这是我们初始的看法)失却了,那种本来貌似毫无问题的"联系"现在似乎是成问题的了。

此时,聪明的你也许会说道:"这不恰恰说明了以自然法则或经验归纳的方式,或者说以科学的方式,来研究人的计算行为是不行的。为了给出正确的计算,人需要一种理智的运作,为了正确地遵从'加 2'这个规则,B 在每一步上都需要这种智性的能力,都需要一种新的直觉或洞见。"

这是一个值得认真对待的看法。是啊,规则只是一串符号,遵从规则却是人的行为,是什么把二者贯通起来的呢?(回忆一下前面提到的"符号和可能事态之间的互译是怎么来的?"这个问题。)一只鸭子看到"加 2"这条规则,肯定无动于衷,而 B 接下来却会正确地遵从这条规则,所以,真正把"加 2"这条规则和对规则的遵从贯通起来的,是 B 的理智的运作(越复杂、越高阶的数学演算,就越需要人的智性能力!)。顺便说一下,鸭子可是没有智性能力的,所以鸭子学不会几何、数学。

你说为了正确地遵从那个规则,B 需要一种直觉或洞

第七讲

见，你谈到了两个观念，一个是"正确地遵从规则"，一个是为此 B 需要直觉或洞见，本节我们来处理第一个，第三节处理第二个。

我们就以你的话为由头，来进行某种"语言分析"。这里的分析与我们当下正在探讨的"遵守规则"的关系不大，但它与我们在做哲学的时候对"精神活动"（这里是"意谓"，前面我们已经谈到了"理解"）的迷恋有着紧密的关系。这是典型的维特根斯坦式的讨论方式，那就是不断地分岔，不断地变换思考的方向，自由地引入新的话题，在一个广阔的领域自由地穿梭和周游，用他自己的话说就是："如果我试图违背我思想的自然倾向而将它们强行纳入到一个方向中，那么它们很快就会变得无力。当然，这一点是与这种考察的本性联系在一起的。因为它迫使我们在一个广阔的思想领域纵横交错地四处周游。"[1]

分析开始。让我们假设这是一次对话，你是对话的一方，维特根斯坦是另一方。

维特根斯坦：你说"为了正确地遵从那个规则"，那么每一步上的"正确"步骤是如何决定的呢？

你会说：这个简单，每一步上的正确步骤就是与那个规则（如同 A 在当时，即在给出这个规则的时候所意谓的那样）相符合的步骤。

维特根斯坦：那么，A 在给出"加 2"这个规则的时

---

[1] 维特根斯坦，《哲学研究》，楼巍译，上海人民出版社，2019 年 7 月，序言。

候意谓了 B 要在 1000 以后写下 1002，10086 以后写下 10088……？你的意思是 A 在对 B 说出那个规则时心里有无数个这样的意谓行为？还是你想说只有一个意谓行为，而其他所有的意谓行为都是从"那个"行为中依次得出来的？

你会说：不是的，A 在说出规则的时候意谓的是"B 应该在每一个数字后面写下隔一位的数字"，由此自然就逐步得出了所有那些正确的数字。

维特根斯坦：但是，B 在任意一个步骤上应该从"在每一个数字后面写下隔一位的数字"这个句子中得出什么呢？即使 A 把当时他真正意谓的东西，即"应该在每一个数字后面写下隔一位的数字"，告诉了 B，B 在任意一个步骤上又该把什么称为与那个句子"相一致"的东西呢？一切还不是悬在空中吗？

你会说：但是，在给出"加 2"这条规则的时候，A 当时肯定意谓的是 B 在 1000 以后要写下 1002，10086 后面写下 10088 的呀！

维特根斯坦：你这里使用的是"意谓"的过去式[1]，这使得情况好像在 A 给出"加 2"这条规则时心里真的发生了一些精神活动，你将其称为（当时的）"意谓"，但这个表达式并未指向任何这样的精神活动。让我用一个更清晰的例子来说明这一点。想一想如下这个语言游戏。你

---

[1] 意谓（mean）的过去式（meant）无法用汉语表达出来，就用"当时意谓"吧。

第七讲

说："拿破仑是在 1804 年加冕的。"五分钟后，我问你："你当时意谓的是那个赢得奥斯特里茨战役的男人吗？"你说："是的，我当时意谓的就是他。"这样说毫无问题，但这是否意味着你"当时意谓他"的时候，你以某种方式想到了拿破仑赢得奥斯特里茨战役这回事？我相信你会说你**"当时"**完全没有想到奥斯特里茨战役之类的，当时你可能没有任何的精神活动，你只是说了那句话，就像 A 在给出规则时也完全没有想到 B 要在 1000 以后写下 1002，A 当时也没有任何与说出这个规则相伴随的精神活动。

对话结束，情况已明朗。

这场对话的结论很简单："A 当时意谓的是 B 在 1000 以后要写下 1002……"（"你当时意谓的是那个赢得奥斯特里茨战役的男人"）这样的句子，看起来当然是无害的，甚至是合情合理的，但是，它引诱我们认为 A 当时的"意谓"（这被认为是当时发生的一种精神活动）在 B 实际到达某一个步骤之前已经预见到甚至作出了所有的过渡（"A 当时肯定意谓的是 B 在 1000 以后要写下 1002，10086 后面写下 10088……"）。一种精神活动在我们实际到达某个现实的目的之前已经提前达到了那个目的。我现在"相信"明天会下雨，我有了一种精神活动（"相信"当然是一种精神活动喽！），这种精神活动的奇特之处就在于：虽然我现在根本不知道明天的天气情况，但不管它是什么情况，它已经提前被我的这种精神活动或正或反地决定好了。我既对未来一无所知，又将未来决定好了

（一个有趣的悖论）。

这当然是在奇特的光照下看待"意谓"、"相信"这样的表达式的结果。

2. 自行车的比喻

前面谈到了规则和对规则的遵从之间的"刚性联系"。"刚性联系"当然是不存在的，B已经身体力行地表明了这一点，但为什么我们会觉得一定有那种"刚性的联系"呢，我们为什么会说规则和行为之间的联系"早就在这里了"？

答案是：因为人们是在奇特的光照下看待遵从规则这回事的，这种光照仅出现在我们做哲学的时候，这种"刚性联系"是我们做哲学时的一种思想"构造物"，它们其实是我们谈论这个话题的一种说话的方式，尽管我们觉得它一定是对象身上的特征，"人们将属于表达方式的东西归属到事物身上了"[1]。

哲学迷恋这种超然的确定性。比如，我们想当然地以为给出"加2"的规则就一劳永逸地决定了数列未来的展开，似乎不是B去展开，而是数本身在一个独立的领域自动展开。"正确的数已经在前面等着了，"我们会说，

---

[1] 维特根斯坦，《哲学研究》，楼巍译，上海人民出版社，2019年7月，第一部分第104节。

"如果 B 没有得出这个数，那么他就算错了。"此外，我们在纸上或者用计算器将两个数相乘，比如"2972 乘以 92"，我们会说：在我们没有实际得出结果之前，那个数早就在前面等着我们了，它肯定是"273424"。

前面说了，这些当然是谈论数学确定性的一种方式，也许是我们做哲学时的初始方式，不过我们其实也可以换一个方式。

让我们这样来谈论这个问题，你说"在我们没有实际得出结果之前……它肯定是'273424'"，但你在这里不是已经实际得出结果了吗？你不是已经把结果算出来了吗？否则你怎么知道它就是"那个"数呢？另一方面，你不会算错吗？计算器不会出故障吗？你怎么知道计算器没有故障？所以你的话其实应该改成："如果我们没有算错或计算器没有故障的话，在我们没有实际得出结果之前，那个数早就在前面等着我们了，它肯定是'273424'。"但这就意味着**一切要取决于我们没有算错或计算器没有故障**。这样一来，那种超然的确定性（数学本身似乎构成了一个具有各种奇特性质的独立王国）似乎也就没那么超然了哦。

让我们回到遵守规则的问题，来做一个类比吧。

假设我们面前放着一台自行车，我们都知道自行车有一根链条，通过这根链条，大齿轮可以带动后轮上的小齿轮，使其运动起来，自行车也就能够前进了。现在让我们不去考虑任何实际的情况，不去考虑一个人在骑自行车的过程中也会掉链子，不去考虑链子也会断掉，大齿轮也会磨损，小齿轮也会变形，小齿轮和后轮之间的连接也可能松掉（导致小齿轮无法带动后轮，无法让其滚动起来）……总之，我们不去考虑所有这些现实中可能出现的情况，我们只是长久地、默默地盯着这套由大齿轮、链条、小齿轮和后轮构成的机械装置（读者可以做一下这个实验！），那么我们心里很可能会生出这样的一种感觉：大齿轮的运转一劳永逸地决定了所有其他部件的运转（大齿轮——链条——小齿轮——后轮），只要大齿轮在这里，那么接下来的全部运转就已经被完全地确定好了。

此外，我们会觉得，比起这些实际的部件（大齿轮、链条、小齿轮和后轮）的实际运转，当我们在纯粹的思想领域（即不去考虑它们的实际运转）思考它们的时候，大齿轮似乎更加确定地决定了后来所有部件的运动。因为，一旦涉及现实，一旦涉及实际情况，那就存在大齿轮无法带动小齿轮或者小齿轮无法带动后轮的可能性了，所以在纯粹思想领域，我们也有了一种超然的确定性。

这就是我们前面在谈论"加2"这个规则和B对其的遵从时想到的东西。

前面提到了做哲学时的思想"构造物"，现在来一个比"刚性联系"还要神奇的构造物。

就自行车的例子而言，除了"完全地确定好了"之外，我们还会说："这套机械装置的运转的可能性已经包含在那个大齿轮之中了。"这样的句子说说当然是可以

第七讲

的，是无害的，但是，一旦我们也在奇特的光照下去考察它，那么我们就给自己制造了一个更神奇的东西。

让我们问问自己：什么是这套机械装置的"运转的可能性"？

首先，它肯定不是实际的运转，这个我们都能理解，否则我们就不会称它为运转的"可能性"了。

其次，它似乎也不仅仅是实际运转之前事先给定的物理条件，比如链条是卡在齿轮上的，小齿轮和后轮是连接在一起的，诸如此类。因为，即使全部物理条件都已满足，即使所有部件装置都一切正常，我们仍然可以想象接下来的运转是另一番样子，比如小齿轮和后轮的连接立刻中断，因此这套机械装置立刻空转了起来（同样的物理条件中蕴含了另一种运转的可能性），所以这些物理条件也不是我们心目中的那种"运转的可能性"，因为我们心目中的那种"运转的可能性"是只能如此这般运转（就是我们刚才说的**那种运转**）的可能性。（这话听起来是不是有点可笑？）

再次，那么"运转的可能性"是实际运转的影子？就像一幅黯淡的图画那样的东西？但是我们在哪里能够找到这样的图画或影子呢？任何一幅图画或影子，都可以是另外一种实际运转的图画和影子（谁规定两个不同的东西不能有完全相同的图画或影子？），这就是由"图画"和"影子"这两个概念的语法所决定的。

好了，既不是实际的运转，也不是物理的条件或者说物理的可能性,也不是实际运转的图画或影子,那么到底是什么呢?

我们难道不是又进入理智痉挛的状态吗?我们使劲地盯着一个东西,但因为眼睛无法聚焦而根本没法看清楚这个东西,而这一切都是我们谈论"运转的可能性"的方式造成的。维特根斯坦说过:"我们关注我们自己谈论这些事物的方式,但不理解它们,反而误解了它们。我们在搞哲学的时候就像野蛮人、原始人,他们听到了文明人的谈论方式,对其加以错误的解释并从中得出最离奇的结论。"[1]

为了帮助自己,我们必须像以前一样,问问自己"运转的可能性"这个表达式在日常的、实际的语言游戏中是如何被使用的。比如我们会指着一台已经废弃很久的机器说:"这台机器还有可能发动起来吗?"比如我们会说:"只要把这个零件换一下,这台机器就有可能运转起来。"

你会发现,日常生活中的语言表达是多么的清晰明白,而哲学中的语言表达是多么的含混而高妙啊!

---

[1] 维特根斯坦,《哲学研究》,楼巍译,上海人民出版社,2019年7月,第一部分第194节。

3. 反对直觉的作用

既然刚性联系不存在，那么那种联系就变得不可理解了，这就是引入直觉的原因，刚性联系被割断以后，规则和对规则的遵守之间似乎有了一个缝隙，规则是一串符号，对规则的遵守是一个活生生的人的行为，该怎么填补这个缝隙，将二者贯通起来呢？这就是哲学中典型的两边倒的现象，总是从一个极端走向另一个极端，其实两者都没有在正确的光照下看待遵守规则这回事。

既然是人在遵守规则，那么遵守规则需要一种直觉，或者干脆说一种灵感？是直觉贯通了规则和对规则的遵从，是B的直觉告诉B在某个特定的步骤上要写下什么数字？是B的直觉保证了他写下的是正确的数字？

这样说说，当然也没什么问题，我们不反对任何一种说法（否则也太专制了），只是我们要来看看"直觉"是如何保证B写下的一定是正确的数字的。

什么是直觉？直觉是不是就像一种内心的声音，当B把数列展开到某个特定步骤的时候让B写下某个数字？如果是这样，B又怎么知道他的直觉告诉他的那个数字是那个正确的数字呢？如果B知道那个数字是正确的数字，那么B何必需要直觉来指导呢？如果他不知道那个数字是不是正确的数字，那有了直觉又有什么用呢？用维特根斯坦的话说就是："如果直觉是一种内在的声音，那我怎么知道我该**如何**遵循它？我怎么知道它没有误导我？因为，如果它能够正确地引导我,那它也可以误导我。(直觉,毫无必要的托词。)"[1]

此外,如果你说遵从"加2"这条规则,展开2,4,6,8……这样的数列需要直觉,那么展开2,2,2,2……这个数列是不是也需要呢?

因此,引入直觉是毫无必要的。从语法上说,我们可以说"规则"一词的语法和"直觉"(或者"灵感"、"内在的声音"之类的表达式)一词的语法是无关甚至对立的。

设想这样一个语言游戏:A在纸上画了一条直线,B要根据这条直线画一条与之平行的另一条直线。第一条直线当然就是B要遵从的规则,如果B画出了一条与之平行的直线,他就遵从了这个规则。

设想这个时候B不是拿出尺子,而是仔细地端详着这条直线,眼睛沿着这条直线看,让这条直线充分地引导自己,然后内心里出现了一个声音,即"这样画!",然后画出了一条线;设想另一个同学C,也是这样让这条直线充分地引导自己,好像在感受这条直线的美,然后也画出了一条线。

这时,我们一定不能期望他们画出的都是与第一条线平行的线,他们画出的很可能是完全不一样的线条,这就

---

[1] 维特根斯坦,《哲学研究》,楼巍译,上海人民出版社,2019年7月,第一部分第213节。

第七讲

像两个人遵从自己的灵感创作出来的两根线条（这样说有点可笑）。我们知道印象派绘画，面对着同样的风景，一个人画出来的画，和另一个人画出来的画，可以是完全不一样的，因为这就是他们各自对于这片风景的"印象"，而"直觉"、"灵感"什么的，也正是这样的东西，我们根本无法保证你的直觉和我的直觉是一致的、相同的，而这就恰恰违背了"规则"的内在要求。

这么说吧，规则和人类行为的"一致性"紧密相联着：

"一致"这个词和"规则"这个词**彼此有着亲缘关系**，它们是堂兄弟。我教会了某人一个词的用法，那他也就学会了另一个词的用法。

"规则"这个词的用法和"相同"一词的用法是交织在一起的。（就像"命题"的用法和"真的"的用法。）[1]

我们当然也可以设想孩子们计算的时候就像在作曲（给他们一些算术训练，每个人都带着浓厚的兴趣去感受、体会这些算术式，然后各自给出不一样的答案），而在作曲的时候就像在计算（给他们一段旋律，让他们继续这段旋律，结果每个人创作出来的曲子都是一样的）。于是我们会说：在计算的时候，孩子们并没有在遵从规则，

---

[1] 维特根斯坦，《哲学研究》，楼巍译，上海人民出版社，2019年7月，第一部分第224、225节。

因为这里没有什么规则，在作曲的时候，孩子们在遵从着"作曲法则"。

不过这也只是设想罢了，因为我们的计算和作曲活动恰恰是反过来的，不过这个设想确实刻画了遵从规则和遵从直觉、灵感之类的本质差别。

在《蓝皮书和棕皮书》中，维特根斯坦总结道：

并不是任何洞察行为、任何直觉使得我们如我们所做的那样在这个系列的特定的点上使用那个规则。将其称为一个决定倒不会那么令人困惑，尽管这也是令人误解的，因为没有什么像某个决定那样的行为必须出现，出现的可能只是写或说这样的行为。我们在这里和在上千个类似的情况下倾向于犯的错误可用我们在"没有什么洞察行为使得我们如我们所做的那样使用那个规则"这句话中使用的"使得"一词来标记，因为有个看法认为"必须是某种东西使得我们"做我们所做的事情。而这又和原因和理由的混淆联系在了一起。**我们无需任何理由来如我们所做的那样遵从这规则**。理由之链有一个终点。[1]

这里再次提到了在奇特的光照下观察规则的一个结果，那就是前面所说的那个"缝隙"，总得有个什么东西贯通了规则和我们的行为，总得有个什么东西"使得"

---

[1] 维特根斯坦，《蓝皮书和棕皮书》，楼巍译，上海人民出版社，2021年4月，第158页。

第七讲

我们去遵从一条规则。我们可能会自忖道:"如果没有这个东西,没有我的行为和规则之外的这个第三者,我怎么知道我在这里该怎么做呢?规则毕竟只是一种一般性、普遍性的东西,而我遇到的是一个具体、特殊的情况啊。"(对此,我们可以问问自己:就算有了这个东西,它难道不也只是另一个东西吗?而这个东西又如何能让我行动起来呢?)

好吧,关于这个"东西",我们能有什么想法呢?"直觉"已经不行了,在规则和行为之间置入一种因果联系也不行了,前面已经说过,以因果的方式来刻画对规则的遵从是不行的,规则和对规则的遵从并不是催吐药和呕吐之间的关系。于是,我们觉得,如果不是原因,那么我们需要的是一个理由?但是,请设想一下,如果有人问 B "你凭什么在 4 以后写下 6?",那么,除了规则本身("加2")之外,B 还能援引什么东西来作为他行动的理由呢?(请想一想这个问题。)理由之链都有一个终点,没有终点的理由之链根本不是"理由"之链:

"我如何能够遵循一条规则?"——如果这不是一个关于原因的问题,那么它就是一个关于我**像这样**遵照它行动的理由的问题。

如果我把理由用完了,那么我就到达了最坚硬的地方,我的铲子弯了回来。于是我就会说:"我就是这样行动的。"

(记住,我们有时候要求一个解释,并不是为了它的内容，而是为了一个解释的形式。我们的要求是一种建筑学上的要求，解释是一种装点门面的屋檐，不承担任何东西。）[1]

4. 所谓的"悖论"

最后来简单谈谈所谓的"遵守规则的悖论"。人们在做哲学的时候是如此的喜欢"悖论"，其实，凡有悖论的地方，一定有误解。

悖论是这样一步步地构造出来的：

首先，在做哲学的时候，我们割断了规则和行为之间的刚性联系（B就割断了二者的刚性联系），那么规则和行为之间似乎脱钩了，规则只是一串符号，无论你怎么解释这串符号，也只是用其他的符号来解释第一串符号，但其他的符号的情况和第一串符号的情况难道不是一样的吗？它们都无法确定B的行为，即使A去解释"加2"这个规则，即"在每一个数字后面写下隔一位的数字"，但B在任意一个步骤上又该把什么称为与这个句子"相一致"的东西呢？一切还是悬在空中，"每个解释都和被解释的东西一起悬在空中，解释不能为它提供支撑。光有解

---

[1] 维特根斯坦，《哲学研究》，楼巍译，上海人民出版社，2019年7月，第一部分第217节。

第七讲

释是无法确定意义的"[1]。

其次,既然割断了规则和行为之间的联系,既然一条规则以及对规则的解释无法确定任何行为了,那么每一种行为都可以被搞得与规则相一致了,然而,既然每一种行为都可以被搞得与规则相一致,那么也都可以被搞得与规则相矛盾,于是这里也就无所谓一致也无所谓矛盾了。

举个例子吧,路上有一个"禁止左转"的路标,这是一个规则,但它是一个符号、一个图案,使得这个符号有意义的,或者说使得这个符号对我们"有所说"的,恰恰是它在我们生活中的稳定的用法。因此外星人看到了这个路标,这个符号对他们而言就毫无意义,因为它在外星人那里没有稳定的用法。一旦我们把这个路标从它原本所处的那个社会情境(又是情境!)分割出来,那么它就只是一个光秃秃的符号或图案了,既然是这样,既然我们什么也没有约定,那么任何行为都**可以**与这个符号相一致,任何行为都**可以**与这个符号相矛盾了,于是也就无所谓一致,也无所谓矛盾。脱离了情境,我们似乎回到了原始的混沌之中,而这就是那个悖论。

但这个悖论的出现恰恰基于对规则的误解,是将一条规则从它所处的情境中分割了出来,重要的是回到规则的日常应用中,"存在这样一种对规则的理解,它**不是一种**

---

[1] 维特根斯坦,《哲学研究》,楼巍译,上海人民出版社,2019 年 7 月,第一部分第 198 节。

解释，而是——在一个又一个应用的例子中——在被我们称为'遵循和违反规则'的东西中表现出来"[1]。

我们来总结一下吧。

遵守规则本是一件日常之事，但我们在奇特的光照下看到了很多奇特的东西：比如规则和行为之间的"刚性联系"，即那种超然的确定性，自行车的例子应该清楚地说明了这一点，又比如神奇的"意谓"居然能够预见所有未来的现实，在失去了这种刚性联系之后，我们立刻倒向了另一个极端，觉得规则和行为之间有一种不可逾越的鸿沟，于是需要去填补这个鸿沟，于是就有了所谓的直觉，但直觉是不行的，于是又需要理由……

我想说，所有这一切的根源都是这样一种哲学的冲动，准确地说是哲学试图去模仿科学的冲动：日常的现象、语言游戏是需要被解释的，普通人只看到现象，科学家手中有解释，所以他们的认识比普通人的更深刻，"哲学家总在眼前看到科学方法，并且不能自持地被引诱去以科学的方式问问题并回答这些问题。这种倾向是形而上学的真正来源，并将哲学家引入彻底的黑暗"[2]，"我们的错误就是在我们应该将这些事实视为'原初现象'的地方，换言之就是在我们应该说**'这些语言游戏被玩起来**

---

[1] 维特根斯坦，《哲学研究》，楼巍译，上海人民出版社，2019年7月，第一部分第201节。
[2] 维特根斯坦，《蓝皮书和棕皮书》，楼巍译，上海人民出版社，2021年4月，第19页。

第七讲

了'的地方寻求一种解释"[1]。

很明显,那些奇特的东西就是试图对"遵守规则"这类语言游戏进行解释的结果。

---

[1] 维特根斯坦,《哲学研究》,楼巍译,上海人民出版社,2019年7月,第一部分第654节。

第八讲

私人语言的问题

第八讲

1. 所谓的"私人语言论证"

比起"遵守规则的悖论",维特根斯坦提出的"私人语言问题"可能是更有名的。人们就算不了解维特根斯坦的任何具体的思想,也很可能听过这个话题,而他们听到的很可能就是"维特根斯坦与私人语言论证"这样的表述。这个表述是不准确的,准确的应该是"维特根斯坦的反私人语言论证"。

我们现在就来讲一讲这个话题。

首先,什么是私人语言?请看如下段落:

某人用一种语言来写下或说出他的内在体验——他的感觉、情绪,等等——只为他自己所用,我们是否也可以设想这样一种语言呢?——难道我们用日常的语言就不能做到这一点吗?——但这不是我的意思。这种语言中的词语要指向的是只有说话者才能知道的东西,指向他那种直接的、私人的感觉。因此另一个人是不能理解这种语言的。[1]

看得出来,私人语言不是自己对自己说的话(责备自己、自问自答、自言自语之类),而是"这种语言中的词语要指向的是只有说话者才能知道的东西,指向他那种直接的、私人的感觉。因此另一个人是不能理解这种语言的"。

---

[1] 维特根斯坦,《哲学研究》,楼巍译,上海人民出版社,2019年7月,第一部分第243节。

简而言之，私人语言指向的是一个说话者内在的、私有的感觉，又因为在很多人看来词语的意义就是词语所指的对象（这里是私有的感觉），所以，除了那个拥有这些感觉的说话者以外，其他人是无法理解这种语言的意义的。"对象是词语的意义"这个看法，我们在第五讲中已经提到过了，那就是"每个词都有一个意义，意义与词语相对应，意义就是词语代表的对象"[1]。

第一眼看来，私人语言似乎是可能的，因为谁说我们的词语一定准确地匹配了我们所有的感觉呢？虽然我们的感觉词汇并不少，先不说触觉、嗅觉和味觉了，即使是身体的感觉，似乎也有"疼"、"痒"、"酸"、"麻"，等等，但谁说我们身体的所有感觉都有一个准确的名称呢？一种感觉，它既不是疼，也不是痒，也不是酸，也不是麻，难道不行吗？我们难道不能为其发明一个名称吗？如果有人有了一种无可名状的感觉，并且为它发明了一个名称，那么当此人说出这个词的时候，我们当然是不能理解的。

另外，如果一个孩子是个天才，他为自己牙疼发明了一个名称，并且在牙疼的时候不表现出来，比如不龇牙咧嘴之类的，那么当他说出这个名称的时候，我们当然也是不理解的，这难道不就是私人语言吗？

---

[1] 维特根斯坦，《哲学研究》，楼巍译，上海人民出版社，2019年7月，第一部分第1节。

第八讲

现在看起来，私人语言和日常语言是完全对立的，这首先是因为日常语言是公共的，我们每天都在用日常语言相互交流。这样说来，纯粹的私人语言和日常语言应该是毫无关系的，如果有关联，那么这种语言就不是纯粹的私人语言了。但真的是这样吗？我们，作为私人语言的构造者，真的能够脱离一切日常语言，而构造出一种纯粹的私人语言吗？

先说孩子吧，我们说孩子是为自己牙疼发明了一个名称，既然我们知道他是为自己的牙疼发明一个名称，那么，对我们而言，"牙疼"这个词在我们日常语言中的用法是预设在这里，其语法是已经准备好的，"它指明了这个新词要占据的岗位"[1]。很明显，仅仅作符号的替换，比如把"牙疼"这个词替换成"吐司艾克"（toothache）这个词或任何一个词，这根本不是什么私人语言，因为这两个词在语言中占据的岗位和用法是给定的，我们完全可以像理解"牙疼"这个词那样理解"吐司艾克"这个词。所以，即使我们要构造私人语言，也逃不开日常语言。

再说那种无可名状的感觉，假设你确实有这样的感觉，每次有这种感觉的日子里，你就在日历上写下一个符号，比如"E"，另一人来看你的日历，他当然不知道这个"E"的意义是什么。但这是一种私人语言吗？私人语

---

[1] 维特根斯坦，《哲学研究》，楼巍译，上海人民出版社，2019年7月，第一部分第257节。

言是别人不理解而你自己知道其意义的语言,但是你自己知道"E"这个符号的意义吗?

此时,你会说:我当然知道啊,我可以进行指物定义,我说出或写下这个符号,同时将注意力集中在我那个感觉之上,就像内在地指向了它,以这样的方式,我建立了这个符号和这个感觉之间的联系,因此也就知道了这个符号的意义!

但真的是这样吗?你下次能否正确地记起与"E"相对应的是哪种感觉?或者说你下次是否能够正确地记起"E"的意义?其正确性的标准是什么?如果你说"我觉得是正确,就是正确",那这就意味着这里根本不能谈论正确。如果知道"E"这个符号的意义就是知道这个符号对应的是什么感觉,那么你下次的"知道"又该如何得到保证呢?一切还不是悬在空中?这么说吧,"'私人语言'可以被称为没有其他人可以理解而我**'貌似理解'**的一种声音"[1]。

顺便说一下,上面这些可能就是很多研究者所认为的"反私人语言论证"。但是,我认为"反私人语言论证"最重要的段落应该是如下这段话:

> 我们有什么理由把"E"称为一种**感觉**的符号呢?因为"感觉"是我们共同的语言而不是只有我理解的语言

---

[1] 维特根斯坦,《哲学研究》,楼巍译,上海人民出版社,2019年7月,第一部分第269节。

中的一个词。因此这个词的用法需要一种大家都理解的理由。——说"它不一定非得是**感觉**，当他写下'E'的时候，他有**某种东西**"也无济于事——人们说不出任何更多的东西了。但是"有"和"某种东西"也属于共同的语言。——因此，人们在搞哲学时最后会走到这样的地步，人们在这里只能试图发出一个含糊的声音。——但这个声音也只有在一种特定的、尚待描述的语言游戏中才是一个表达式。[1]

这段话当然不像严格意义上的论证，但它明确地表达了维特根斯坦的两个核心看法：一、符号也好，词语也好，仅当有着围绕这个符号的稳定用法，只有在一种特定的语言游戏中，才是有意义的；二、任何一种构造私人语言的活动都逃不开日常语言，即使是"某种东西"也是日常语言中的一员，私人语言是不可能的。

语言是公共的，我们逃不开日常语言。

2. 甲虫和水壶的比喻

关于维特根斯坦的所谓的"反私人语言论证"，似乎就只有这么多内容了，其实维特根斯坦真正想要着重探

---

[1] 维特根斯坦，《哲学研究》，楼巍译，上海人民出版社，2019年7月，第一部分第261节。

讨的是私人感觉的问题。我们接下来就用"疼痛"作为例子吧。

有的读者在看到前面的"E"的例子时候很可能已经发现了，适用于"E"这个词的分析，似乎也适用于"疼痛"这个词。为了定义"疼痛"这个词，我们打自己一耳光，说出"疼痛"这个词，以此建立这个词和那种感觉的联系，于是就知道了这个词的意义。但是，我们下次能否正确地记起与"疼痛"这个词相对应的是哪种感觉？能否正确地记起"疼痛"一词的意义？这里的正确性的标准是什么？如果你说"我觉得是正确，就是正确"，那这就意味着这里根本不能谈论正确。如果知道"疼痛"一词的意义就是知道与这个词对应的是什么感觉，那么你下次的"知道"又该如何得到保证呢？一切还不是悬在空中？

那么，我们下次就不能说自己知道"疼痛"一词的意义了？

在这里，我们遇到了这样一个难题：一方面，我们似乎坚信我们下次一定知道"疼痛"一词的意义，知道它指的是什么感觉（否认这一点似乎太荒谬了）；另一方面，我们又无法保证记忆的正确性。

那怎么办呢？解决之道很简单：必须抛弃"词语的意义就是与它们相对应的对象"这个看法，知道一个词的意义并不是知道了那个对象，而在于掌握了这个词的用法。

因为，如果"疼痛"这个词是我们每个人各自私有的感觉的名称，如果"疼痛"一词的意义是与之相对应的对

第八讲

象即疼痛的感觉，那么这个词就只有对于我们每个人来说的私人的意义了，因而也就没有公共的意义了，这是我们不愿意看到的，而且我们谁也不会否认"疼痛"这个词是有其公共的用法的。请看如下这段话：

> 如果我说我自己仅仅从自己的情况中知道"疼痛"一词的意义是什么，——那么难道我不也得这样说别人吗？我怎能以这样一种不负责任的方式将一个例子普遍化呢？
>
> 好吧，每个人都对我说他自己仅仅从自己那里知道什么是疼痛！——假设每个人都有一个盒子，里面装着我们称之为"甲虫"的东西。从来没有人可以看到他人盒子的内部，每个人都说他仅仅通过看**自己的**甲虫而获知什么是甲虫。——这里很可能每个人的盒子中装的是不一样的东西。甚至可以设想这个东西在不停地变换样子。——但是，如果这些人的"甲虫"一词仍然有一种用法，那又怎么样呢？——那这个词就不是某个东西的名称。盒子中的这个东西完全不属于这个语言游戏，甚至不能作为**某种东西**而属于这个语言游戏，因为盒子也可能是空的。[1]

现在，如果我们承认"甲虫"和"疼痛"这两个词有着公共的"意义"，那么我们似乎也必须承认它们的意义不是它们指称的对象，而只能在于它们在语言游戏中的用

---

[1] 维特根斯坦，《哲学研究》，楼巍译，上海人民出版社，2019年7月，第一部分第293节。

法（这一点第五讲已经提到过了），而我们"理解"这两个词（或"理解"它们的意义）就在于我们都能够熟练地使用这两个词。

这样一来，我们前面提到的难题也就消失了，"疼痛"一词的意义不是那个私有的样本（在我们刚才的例子中，是打了自己一耳光后的那种感觉），而是这个词在我们的语言游戏中的用法，我现在或下回当然都知道这个词的意义，这就是说我都能正确地应用这个词。来一个极端一点的情况，即使"一个人不能将'疼痛'这个词所意谓的**东西**保存在记忆中——因此总是将其他的什么东西称为疼痛——但是对这个词的使用却与疼痛的日常症状和前提条件一致！"[1]，即使是这样，我们也应该说这个人理解"疼痛"这个词的意义。

在前面引用的那段话中，不好理解的是"盒子中的这个东西完全不属于这个语言游戏，甚至不能作为某种东西而属于这个语言游戏，因为盒子也可能是空的"这句话，因为适用于甲虫的结论也适用于疼痛。是啊，我难道不是因为自己受伤了，疼了起来，才喊出"我疼！"的吗？此外，一个医生问病人："你的伤口今天还疼吗？"病人回答："还有点疼。"这是一个语言游戏，但这个病人难道不是因为他确实感受到了疼，才这样说的吗？维特根斯坦

---

[1] 维特根斯坦，《哲学研究》，楼巍译，上海人民出版社，2019年7月，第一部分第271节。

第八讲

为什么要说"那种内在、私有的疼痛感觉（类比盒子中的甲虫）不属于我们用'疼痛'一词玩的语言游戏"呢？重要的难道不正是我在真正感受到疼痛的时候的那种"内在的、私有的疼痛"吗？

这里我们必须重复这样的一个对立，那就是："我们在做哲学的时候倾向于给出的看法"与"语言实际上是如何被使用的"的对立。我们前面已经说过，在做哲学的时候，我们是在奇特的光照下看待事物的。

比如，在做哲学的时候，我们可能都会觉得疼痛是一个人私有的东西，是内在的东西，而像龇牙咧嘴这样的行为啦，像"我疼！"这样的话语啦，都是一些外在的表达手段，那么这个表达手段是用来干吗的呢？自然而然地出现在我们心里的答案就是：我们用外在的手段来表达或传达这些内在的东西。

但真的是这样吗？我们的语言实际上是这样被使用的吗？

让我们继续举例子。一群人在上课，一个人突然捂着肚子，呻吟了起来，于是我们立刻跑过去查看情况，询问情况，如果必要的话，还要送这个人去医院，诸如此类。在呻吟的时候，这个人当然也发出了声音，让我们设想这个声音是一种比较原始的语言（实际上，像"哦"、"哎"、"哇"这样的词语就十分接近这种语言），那么我们也可以将其设想为一种较为原始的"语言游戏"。

现在问问自己：在这个"语言游戏"中，那个"内在的、私有的疼痛"扮演着什么角色呢？当然，如果这个人不疼（没有这个内在的东西），他当然是不会呻吟起来的，但是他发出的"声音"是在表达或传达那些内在的东西吗？或者说，他的"声音"，或者干脆说他的"语言"，是在表达或传达那个内在的、私有的感觉吗？我想我们不会这样说，他只是疼得呻吟了起来，仅此而已，我们听到他的声音，看到他的行为，就已经明白了一切，就知道自己该做什么了，我们根本没有特地想到那个内在的、私有的感觉（它根本不属于这个语言游戏）。在这里，一切都已经清楚明白了！语言游戏就是这样玩的。

理解了这一点，我们也就应该理解，很多时候"我疼！"（可能是呻吟着说的）就十分类似于那个呻吟，在这样的语言游戏中，这个表达式也并没有在传达那些内在的、私有的感觉，我们也并没有去仔细地查看他那个内在的、私有的感觉（更何况我们也没法去查看那个感觉），我们立刻就行动了起来。语言游戏就是这样玩的。

这就是"那种内在、私有的疼痛感觉并不属于我们用'疼痛'一词玩的语言游戏"这个说法的意思。

谈到这里的时候，维特根斯坦有一个沸水的比喻：

当然，当锅里的水沸腾的时候，蒸汽就从锅里冒了出来，蒸汽的图画也从锅的图画那里冒出来。但是，如果有人想说，在锅的图画中也一定有某种东西在沸腾，那又怎么样呢？[1]

　　锅的例子不太好，我们就用水壶吧。请看如下这张图片：

　　你是否觉得这幅图画是不准确的，或者是不完整的？你是否觉得，既然水壶里的水在沸腾，那么画中的水壶里面也必须有水在沸腾，这幅图画必须要把水壶里的沸水也画出来？

　　不是的，这里一切已明明白白！人们已完全清楚这幅画的意思，无需添加任何东西了。

　　很明显，这里的类比就是："水壶的图画"类比"我们的语言表达"；"水壶里的沸水"类比"人们内在的、

---

[1] 维特根斯坦，《哲学研究》，楼巍译，上海人民出版社，2019年7月，第一部分第297节。

私有的疼痛感觉";"对水壶图画中沸水的图画的要求"类比"对用语言传达内在、私有的感觉的要求";"水壶的图画已经十分清楚明白了,根本无需把沸水也画出来"类比"我们用'疼痛'这个词进行各种语言游戏,一切都是清楚明白的,根本无需把那个'东西'也传达出来"。

最后,如果有人站出来反对我们的看法,打了自己一巴掌,然后说:"但重要的当然是这个啊,这个我内在的、私有的感觉,我就是因为它而喊出'我疼!'的,正是它伴随着我们的疼痛表达。"

如果真有这样的人,真有这样的说法,那么让我们来问问他:除了做哲学的时候,你在什么情况下会说前面那些话?你是不是想说你疼?但为什么要绕这么大一个圈子呢?

3. 只是语法命题

在做哲学的时候,在思考关于感觉的哲学问题时,我们会不由自主地说出如下这样的话:"我的感觉是私有的"、"别人不可能有我的疼"。

那么,如果有人问我们:这些句子或命题是在陈述一些事实,还是只是一些假设呢?

我想我们会回答:当然是事实!而且是不容置疑的事实!这些命题肯定是真的!

好吧,让我们来比较一下这两个命题:"别人不可能

第八讲

有我的牙疼"和"别人不可能有我的金牙"。你会发现，第一个命题是不可能反过来的，说"别人能够有我的牙疼"是无意义的，但"别人不可能有我的金牙"好像只是一种经验上的、偶然的"不能"，因为它可以被反过来，说"别人能有我的金牙"是有意义的（我的金牙也可以被镶到别人的嘴里）。

我们必须区分开"经验上的不能"（或者"事实上的不能"）和"语法上的不能"：经验上的"不能"，我们可以设想它的反面，它的反面是有意义的，别人"能"有我的金牙，但语法上的"不能"是不能设想它的反面的，换言之，说别人"能"有我的牙疼，这是无意义的。这里顺便说一下，我们在第四讲中已经说过，世界中的每一个事实都是偶然发生的，我们都可以设想它们的反面。

区分开经验（事实）和语法这两个层面之后，我们立刻就明白了，"别人不可能有我的疼"这个命题**并没有陈述什么事实。它不是经验命题，而是语法命题。**

那么，语法命题是怎么样的呢？

先来回忆一下早期维特根斯坦的看法：世界中的每一个事实都是偶然发生的，我们都可以设想它们的反面，陈述可能的事实的命题，或者说经验命题，都是可真可假的，早期维特根斯坦认为只有这样的命题（不管它是基本命题还是复杂命题）才是有意义的，而逻辑命题是没有意义的，这恰恰是因为逻辑命题是必然为真的（回忆一下"重言式"这个概念），是没有反面的，但是，逻辑命题作为整体又是有意义的命题的"框架"。框架本身是没有意义的，但它们是"有意义"的框架，它们的作用就是在一种反面的意义上（第四讲提到的"此路不通"）框定了所有有意义的命题。

在后期维特根斯坦这里，对待语言的态度有了彻底的转变，那种把语言当作整体来讨论的冲动业已消失，留给我们的是各种不同的语言游戏，"逻辑命题"这个概念被"语法命题"所替代了。

首先，和逻辑命题一样，语法命题本身是无意义的（第四讲说逻辑命题是"没有意义"的，但这种区分在这里已经无所谓了），但它们把一些表达式排除在了有意义的语言范围之外。

因此，在一种反面的意义上，语法命题也给有意义的东西框定了一个范围。比如"'象'不可能越过楚河汉界"就可以被类比为一个语法命题，它把"象越过楚河汉界"这种走法排除在可能的走法或者有意义的走法之外了，不过，只要在这个框架之内，无论你怎么走"象"这颗棋子（只要走"田"字），都是可以的。

"别人不可能有我的疼"这个命题其实是把"别人有我的疼"和"我有别人的疼"这两个表达式排除在有意义的语言范围之外了。我们不会说"我事实上没有别人的疼"，我们会说"我有别人的疼"这个说法是无意义的。总之，语法命题和"有无意义"有关，"我们理解了语法和意义及无意义的联系……"[1]，而经验命题则和"事实"及"真假"有关。

其次，和逻辑命题一样，语法命题好像也是必然为真的，但语法命题其实是无所谓真假的。

我觉得后期维特根斯坦不会再说它们是"真"命题了，因为后期维特根斯坦把"真假"保留给了经验命题（这是前后期的一个重要区别），因为在后期维特根斯坦这里"一个命题为真"和"我们怎么知道它为真？"是内在地关联起来的。如果你无法回答"你怎么知道它为真？"这个问题，那么你就不能（语法上的不能）说它"为真"。问问自己，我们怎么知道"别人不可能有我的疼"这个命题为真？我们说不出自己是"怎么"知道的，我们会说"这还需要'怎么'知道吗？它当然是真的啊！"，但这就意味着我们不能说它"为真"，当然也不能说它"为假"。如果有人对此感到困惑和不解，那就告诉自己日常语言的情况就是这样的，我们必须回到粗糙的地面上来。

或者也可以来一个类比。"这根棍子有长度"和"这根棍子和那根棍子有着相同的长度"这两个命题好像都可以"为真"，而且我们会觉得，比起第二个命题，第一个命题更加"为真"，必然"为真"。那么，问问自己，

---

[1] 维特根斯坦，《蓝皮书和棕皮书》，楼巍译，上海人民出版社，2021 年 4 月，第 72 页。

我们怎么知道"这根棍子有长度"为真？我们能给出那个"怎么"吗？你说你去看一下这个棍子，然后发现它有长度，因而知道这个命题为真？但这是荒谬的，只要是棍子，就一定有长度，你根本无需去看（你看，或者不看，它都有长度）。因此，我们最终似乎也只能说："这还需要'怎么'知道吗？它当然为真啊！"但是，我们却可以通过测量或者让别人去测量的方式知道"这根棍子和那根棍子有着相同的长度"为真。

因此，我们既不能说"这根棍子有长度"这个命题"为真"，当然也不能说它"为假"，它无所谓真假，它是无意义的（在这一点上，后期维特根斯坦保留了早期的看法）。维特根斯坦说过："针对'这个物体有广延'这个命题，我们可以回答：'毫无意义！'"[1] 很明显，"这个物体有广延"和"这根棍子有长度"这两个命题的状况是类似的。

不过，我们可以说"这根棍子和那根棍子有着相同的长度"这个命题"为真"或"为假"，而且这个命题是有意义的，这恰恰也是因为它在我们的语言游戏中有其用法，我们能够通过某种方式来证实或证伪它，它可以为真或为假。

总之，"逻辑命题"被换成了"语法命题"之后，保

---

[1] 维特根斯坦，《哲学研究》，楼巍译，上海人民出版社，2019年7月，第一部分第252节。

留了"本身是无意义的"、"作为意义的框架"以及"我不能想象其反面"[1]这三个特征,但失去了"为真"这个特征。

现在回到最初的话题。

我们本以为像"别人不可能有我的疼"、"感觉是私有的"这样的命题陈述了毋庸置疑的事实,以为这些命题是必然为真的命题,但是,经过我们的分析,我们发现它们并没有陈述任何事实(这里不存在什么事实),也不是什么必然为真的命题,而是语法命题,但语法命题无所谓真假,并且是无意义的,且与任何事实无关。

认清了这些,会不会在某种程度上让我们的理智变得更清醒一点呢?也许会,也许不会,也许我们仍然会抑制不住地想说前面那些句子,并且坚定地认为它们一定是"真的",一定陈述了事实,一定是有意义的。

4. 一些补充性的论述

前面说了,语法命题是无意义的,但为什么呢?凭什么这么说呢?那些在做哲学的时候理直气壮地说出诸如"我的感觉是私有的"、"别人不可能有我的疼"或者"只有我能知道自己疼不疼,其他人只能猜测这一点"

---

[1] 维特根斯坦,《哲学研究》,楼巍译,上海人民出版社,2019年7月,第一部分第251节。

（这话也经常出现在哲学讨论中）这些话的人，是不会承认这些话无意义的。

那么，为什么逻辑命题是无意义的呢？在介绍早期维特根斯坦的看法时，我们已经说过，逻辑命题是重言式，它们必然为真，它们不可能对世界中可能的事实有所言说，不可能成为任何可能的事实的图画，因此是无意义的。其实，在早期维特根斯坦看来，永远为真或永远为假的命题都是无意义的，或者也可以反过来说，有意义的命题都是可真可假的（有意义的命题都可以被反过来，只要是事实，我们都可以设想其反面）。

前面说了，语法命题无所谓真假，既不可真，也不可假，因此是无意义的。

但是这个论述真的有效吗？一方面，这个论述过于笼统，过于公式化了，另一方面，它过多地利用了早期维特根斯坦的看法。好吧，让我们来进行一些不那么笼统的讨论吧。

为什么"别人不可能有我的疼"（其实是"我的感觉是私有的"的另一种表达）是无意义的呢？答案是：因为"我的疼"这个表达式是无意义的。

为什么呢？因为我的疼是没有同一性标准的。在日常语言中，我们有诸如"我的猫"、"我的手机"这样的表达式，这些表达式是有其用法的，比如我的猫丢了，第二天我在街上找到了它，并且对别人说"这就是我的猫"，比如我们会对偷玩手机的孩子说"快把我的手机还

第八讲

给我!",但这些用法都建基在这样一个事实之上:我的猫、我的手机是有同一性标准的,我们可以通过这些标准知道它是"同一只猫"或"同一个手机"。比如猫鼻子上有一块三角形的白色斑点,我借助这个特征知道它就是同一只猫,就是"我的那只猫",而不是"另一只猫";比如我的手机壳和别人的不一样,我借助这一点知道它就是同一个手机,是我的"这个手机",而不是另一个手机。这里的同一性标准,其实就是猫和手机的外表特征。

而且,我知道(说出来可能有点荒谬)我的手机放在那里不会变成另外的东西,它能够保持所谓的自身的"同一性"。

那么,我的疼呢?是什么让我们能够有意义地使用"我的疼"这个表达式呢?我的疼的同一性标准是什么?我怎么知道我今天有的某种感觉又是我的疼?请想一想这个问题。你会发现,最后你只能说"我觉得它是",但这并不是标准,标准哪有我一个人觉得是就是的?我们可以说标准就是其他人也可以通过它来进行判断的东西(其他人也能够通过猫的照片而帮我找到我的猫)。

这时,设想有人不服气,打了自己一耳光,然后对我们说:"但是别人就是不可能有这个疼!"那又怎么样呢?

维特根斯坦的回答是:

通过强调地说出"这个"一词,此人并没有为同一性标准给出定义。倒不如说,这种强调只是为我们提供了一种假象,好像那种标准对我们来说是很熟悉的,但是得有人提醒我们注意到它。[1]

该怎么理解这番话呢?

我打自己一耳光,大声地说出"这个疼",好像我用"这个疼"这个表达式不容置疑地指向了我当下具有的那个感觉,好像这样就赋予了"这个疼"这个表达式以意义,但是,我们应该都能明白,只有对于能够保持其同一性的东西(比如手机),我们才能说"这个"手机,如果一个东西在持续不断地变化,从一个东西变成另一个东西,又从另一个东西变成第三个东西,又从第三个变成第四个……对于这样的东西,我们能够说"这个"东西吗?我们在指的到底是哪个东西呢?

当你打了自己一耳光并且说"别人不可能有这个疼!"的时候,你怎么知道你的感觉没在持续地变化呢?那么,你用"这个"这一表达式指的是哪个感觉呢?只有能保持同一性,有同一性标准的东西,我们才能有意义地说"这个"东西,但这事不能反过来,说出"这个疼"并不就意味着"我的疼"是能保持同一性,有同一性标准的东西。

现在我们来看前面提到的第二句话,即"只有我能知

---

[1] 维特根斯坦,《哲学研究》,楼巍译,上海人民出版社,2019年7月,第一部分第253节。

第八讲

道自己疼不疼，其他人只能猜测这一点"，维特根斯坦对此的看法是：

> 这个说法就某个方面而言是错误的，就另一方面而言是无意义的。如果我们对"知道"这个词的使用就像它通常被使用的那样（我们还能怎么使用它！），那么当我在疼的时候其他人经常知道这一点。——是的，但是仍然不如像我自己知道它那样确定！——就我而言，根本不能说我**知道**我疼（除非是开玩笑）。因为，除了我疼之外，这句话还能意味着什么呢？[1]

为什么它是错的？这一点容易理解，因为在日常生活中别人经常知道我疼。

为什么它是无意义的呢？因为"我知道我疼"这个说法是无意义的。为什么这么说？因为在后期维特根斯坦这里"知道 X"和"怎么知道 X？"是内在地关联起来的。这很容易理解，我说我"知道自己得了一百分"，但被问起"你是怎么知道的？"的时候，却不知如何回答，或者说自己是"梦到的"（这不是一个回答），那么我就"不能"（语法上的不能）说"知道"自己得了一百分，这个说法就是无意义的了。

现在问问自己："我怎么知道我疼？"大多数人可能

---

[1] 维特根斯坦，《哲学研究》，楼巍译，上海人民出版社，2019年7月，第一部分第246节。

会立刻回答："我感觉到的。"但是"我感觉到疼"和"我疼"不是一回事吗？这并不是一个回答。《蓝皮书和棕皮书》中有类似的论述："你怎么知道你有疼痛？"——"因为我**感觉**到了它们"。但是"我感觉到它们"意谓的东西和"我有它们"意谓的东西是一样的。因此这根本不是解释。[1]

我们其实根本无法回答"我怎么知道我疼？"这个问题（将其改成"我用什么途径知道我疼？"，情况可能会变得更清楚，我们会说"这还需要什么途径！？我疼的时候就是我在疼啊！"），而"我疼的时候，我当然知道！"之类的并不是答案。"我知道我疼"这个说法是无意义的。是啊，除了我疼之外，这句话还能意味着什么呢？

但是，我们可以有意义地回答"你怎么知道他疼？"或"你用什么途径知道他疼？"这样的问题，比如"我听到他在呻吟"，因此"我知道他疼"这个说法是有意义的。

不过，一个说"只有我能知道自己疼不疼，其他人只能猜测这一点"的人可能隐约察觉到这样的一个洞见：在判断别人疼不疼的时候，我确实有可能会搞错，也可以有怀疑，但是，在涉及自己的时候，我不可能搞错，也不可能有怀疑，"对其他人而言，说他们怀疑我疼不疼是有意

---

[1] 维特根斯坦，《蓝皮书和棕皮书》，楼巍译，上海人民出版社，2021年4月，第75页。

义的，但是这样说我自己是无意义的"[1]。这其实就是语法的不对称性。

我们可以说，"只有我能知道自己疼不疼，其他人只能猜测这一点"也是一个语法命题，它把"怀疑是不是自己在疼"这样的表达式排除在有意义的语言范围之外了，但这并不影响它是一个无意义的命题。

---

[1] 维特根斯坦，《哲学研究》，楼巍译，上海人民出版社，2019年7月，第一部分第246节。

第九讲

驳斥罗素的"归纳原则"

第九讲

1. 两种不同的思考方式

本讲我们来谈谈所谓的"归纳问题"。为了解决这个问题,罗素提出了著名的"归纳原则",但是维特根斯坦反对罗素的方法,并给出了自己的看法。我们从中可以了解到二者的思考方式的区别。

其实,在《哲学研究》中,维特根斯坦经常带着讽刺谈到罗素(只是不大提罗素的名字罢了),但他不会讽刺罗素这个人(所以很少提到"罗素"这个名字),而是讽刺罗素的某些"哲学思想",而且是十分具体的思想。我们应该早就知道了,后期维特根斯坦的思考总是从具体的东西出发的,因此他的文本中总有着无穷多的具体例子。在谈及自己的哲学的特征时,他曾经说过:"当勒南谈到了闪米特人的'早熟的常识'(这个想法很早以前就在我心里浮现过)的时候,他指的就是那种**无诗意地**直接走向了具体之物。这就是我的哲学的特征。"[1]

这里谈到的勒南(Ernest Renan)是一个法国历史学家,我们在这里就不多说了。

如果一定要挂一漏万地刻画(所有的刻画都是不完全的)一下维特根斯坦和罗素的思考方式的区别,那么我们或许可以使用一个比喻。

---

[1] 维特根斯坦,《论文化与价值》,楼巍译,上海人民出版社,2019年5月,第10页。

第九讲

在《哲学研究》第一部分第 38 节，维特根斯坦谈到了罗素的某种哲学思想（具体也不说了），他最后说道，当语言"on holiday"的时候，哲学问题就会产生。"on holiday"可以译成"休假"，也可以译成"停止工作"，语言休假或停止工作的时候，哲学问题就会产生。

罗素的哲学就像是一个休假者的哲学。

罗素是博览群书的，是大先生，这没错，因此他可以衣冠楚楚地躺在海滩边晒太阳，并且对着人们的语言实践（干脆说是语言游戏吧）指指点点，并且认为人们的语言游戏一定符合他的"哲学"，或者进行某种所谓的"解释"，并且认为如果没有他的解释作为根据或理由，那么人们的语言游戏就是不合理的……

但是，指点一番、解释一番，都不困难，说出一堆话，似乎也挺简单，只要想去做，大先生们总是能做到的。只不过，真正重要的问题是：情况真的是这样的吗？情况真的如大先生们所说的这样吗？我们的语言实际上是这样发挥作用的吗？如果没有什么东西作为它们的根据，我们的语言游戏就是不合理的吗？就是有缺陷的吗？

有在海边晒太阳的休假者，就有在劳作的劳动者。因为有了后者，才有了前者；因为有了前者，才有了后者。

维特根斯坦就是一个劳动者，比起休假者的指指点点，维特根斯坦的劳动体现在两个方面：一是查看并描述语言实际上是如何被使用的（冷静的查看），二是与因为误解了语言而产生的困惑近身搏斗（在迷雾中穿行）。

第九讲

如下这段话就是维特根斯坦的劳动宣言：

我们绝对不能提出任何理论。我们的考察中不允许出现假设。所有的**解释**必须消失，只能由描述来代替。这种描述从哲学问题中得到它们的光亮，也即它们的目的。这些问题当然不是经验问题，我们得借助对我们的语言的工作情况的洞察来解决它们，而且要在**顶住**误解它的冲动的情况下认识到这些工作情况。问题并不是通过提出新的经验，而是通过整理我们早已熟悉的东西而解决的。哲学是一场反对用我们的语言作为手段来迷惑我们的理智的斗争。[1]

这些工作是极其艰辛的，"查看和斗争"当然没有"边晒太阳边想并发明一点思想"轻松愉快啊。

总之，罗素和维特根斯坦，一个是休假者的哲学，一个劳动者的哲学。

此时，不举个例子是不行的。《哲学研究》中有这样一个针对罗素的评论（虽然没提罗素的名字）："我想要一个苹果"的意思并不是"我相信一个苹果会消除我不满足的感觉"。**后一个**句子不是对愿望的表达，而是对不满足的表达。[2]

怎么理解这个例子？

---

[1] 维特根斯坦，《哲学研究》，楼巍译，上海人民出版社，2019年7月，第一部分第109节。
[2] 维特根斯坦，《哲学研究》，楼巍译，上海人民出版社，2019年7月，第一部分第440节。

第九讲

在日常生活中，我们经常说出自己的愿望，比如"我想要一个苹果"，这些愿望有时可以得到满足，有时得不到满足，这是一个语言游戏。而且，当我们有一种愿望，比如很想要一个苹果的时候，我有时是会有一种不愉快、不满足的感觉，或许正是这感觉促使我去寻找一个苹果，当我得到苹果以后，一般情况下，那种不满足或不愉快的感觉会消失，我会进入一种满足而安宁的状态。

于是，罗素认为这个语言游戏"应该"是这样的：愿望是一种不愉快、不满足的感觉，这感觉导致人的行动，引发一串事件的链条（去找苹果——找到苹果），链条的终点就是那种感觉的消失，就是满足而安宁。在《心的分析》中，罗素说：

> 引发那样一个事件链条的（那个精神事件的）性质被称作"不愉快"；这个链条在其中终止的那个精神事件的性质被称为"愉快"……安宁的状态在其中被获得的事态被称为这个链条的"意图"，最初那个包含不愉快的精神事件被称为是对带来安宁的事态的"欲望"。[1]

这种哲学（这些有点深奥的句子）听起来好像挺新奇，挺有道理，事件之链的一头是不满足、不愉快的感觉，另一头是满足而安宁的状态。但是，这样一来，"意图"和"欲望"（"愿望"也一样，人的所欲和所愿很难

---

[1] Bertrand Russell, *The Analysis of Mind*, Allen and Unwin, 1978, p.75.

第九讲

分开）就都用"安宁的状态"来定义了。于是，只要能消除不满足、不愉快的感觉，给我们带来安宁的状态的东西，就是实现我们的意图或愿望，满足我们的欲望的东西了。

在《哲学评论》中，维特根斯坦这样讽刺罗素：

> 我相信罗素的理论就等于：如果我给某人下个命令，我对他的所作所为感到满意，那么他就执行了我的命令。（如果我想要吃个苹果，某人朝我的胃部猛击了一拳，打消了我的食欲，那么我一开始想要的就是这一拳。）[1]

胃部被揍了一拳以后，我想要吃个苹果的那种不愉快、不满足的感觉消失了，我安宁了，那么我的"意图"，或者我的"欲望"，或者说我"想要"的东西，"就是这一拳"喽？

这当然是可笑的。在日常使用中，"我要个苹果"表达的是一个愿望，而"我相信一个苹果将消除我不满足感"表达的不是愿望，而是不满足。

很明显，就"愿望"（"意图"、"欲望"也一样）的语言游戏而言，罗素认为它"应该"是那样的，"应该"符合他的哲学构造，但维特根斯坦要查看这个语言游戏实际上是怎么玩的，"我们得借助对我们的语言的工作情况的洞察来解决"哲学问题。

---

[1] Wittgenstein, *Philosophical Remarks*, Blackwell, 1975, p.64.

罗素的哲学构造肯定是不对的，语言游戏的实际情况比罗素构想的复杂得多。虽然愿望得到满足了，但我们却没有满足的感觉或者仍有不满足的感觉，没有进入安宁的状态，这是可能的；虽然愿望没有得到满足，但我们却有了满足的感觉，进入了安宁的状态，这也是可能的。

2. 所谓的"归纳问题"

问问自己：我们相信太阳明天会升起吗？

如果我们相信，那么这个信念有根据吗？如果有，它的根据是什么呢？如果有人问你：你凭什么相信明天太阳会升起，你现在毕竟又没有抵达明天？你该怎么回答？

我们倾向于给出的第一个答案当然是：因为它以前每天都升起啊！因为它以前总是升起，所以它明天也一定会升起。

但是，如果有人继续追问：为什么它以前总是升起，你就认为它明天也会升起呢？难道它明天不可能不升起吗？我们又该怎么回答他呢？

我们可能会诉诸于运动法则，我们会说：你看，地球是一个自转着的球体，而这样的球体是不会停止旋转的，除非有某种外物从外部干涉了它（来自另一个行星的撞击之类的），而从现在到明天早上这段时间内，肯定是不会有任何东西来干涉它的。

但是，让我们转念想想，你凭什么相信从现在到明天

第九讲

早上这段时间内不会有任何东西来干涉它？如果你说以前都没有东西来干涉它啊，所以接下来也不会有干涉，那么你就会继续面对这样一个问题：为什么以前没有干涉，接下来就不会来干涉呢？

问题又回到了原点。

另一方面，我们会说，地球作为一个物体，有它自己的运动法则，这种法则到目前为止一直是有效的，所以接下来还是有效，但是，一条法则过去有效就能保证它将来也有效吗？

问题又回到了原点。

有的读者可能已经发现了，上面所说的所有这些问题的核心就在于：我们凭什么把"一件事情过去经常发生"作为"它接下来也会发生"的理由？换言之，我们把"一件事情过去经常发生"作为"它接下来也会发生"的理由，但我们这样做还有没有进一步的理由？

既然是"凭什么"，那么我们其实在追问的是理由，而不是原因。我们必须区分开原因和理由，二者在日常生活中经常被混在一起，特别是在谈论人的行为的时候（在谈论自然现象的时候，我们一般不会用"凭什么……"，我们不会去问"石头凭什么会被晒热？"），因为我们都是用"为什么"来提问的。

我们接下来要给出的区别当然不是一劳永逸的界限，而只是一种速写性质的刻画。

先谈谈原因。让我们先问问如下这个问题："一件事情过去经常发生"能不能成为我们相信"它接下来也会发生"的原因？

比如，经验告诉我们，雷声总是伴随着闪电，准确地说是雷声总是晚于闪电而出现，因为光的传播速度要快于声音的传播速度，因为我们以前有很多这样的经验，因为这事总是这样发生，所以我们相信下一次的闪电出现几秒后还是会有雷声。

这是一种典型的因果关系，即"因为……所以……"的关系。

这种因果联系还可以出现在动物身上。一个主人一直在喂一只鸡，结果鸡一见到主人，就相信饲料要来了，就跑了过来，因为它以前有这样的经验，每次主人来，都会给它喂饲料，所以它相信接下来还是会有饲料。但是，主人下一次来可能就不是来喂饲料的，而是把它杀了炖汤喝。

我们可以说"一件事情过去经常或总是发生"是我们相信"它接下来也会发生"的原因。但是，在这一点上，我们必须承认自己和鸡似乎没什么区别。

然而，理由和原因是不一样的。

首先，追问理由并不同于追问原因，比如，我们可以谈到感冒的原因，但不能谈到感冒的理由。我们不会问："你凭什么感冒？"（"您没有权利感冒！"是在开玩笑。）

其次，我们中间的大多数人都相信自然现象是遵循因

第九讲

果规律的，比如太阳晒了石头，石头就会热，人类的一些身体现象也是遵循因果规律的，比如某种药会导致我们呕吐，比如吃多了就会发胖。但是，在涉及人类的行为的时候，人类还有一个理性的维度，人类的很多行为表现并不能用"原因"来解释的，我们只能追问其"理由"，比如一个人喜欢看托尔斯泰的书，另一个人喜欢看村上春树的书。我们就可以问问他们：你为什么喜欢看托尔斯泰的书？你为什么喜欢看村上春树的书？这时人们给出的其实是喜欢托尔斯泰的书以及喜欢村上春树的书的理由。

可以设想两个中文系的学生玩这样的一个语言游戏。很明显，他们给出的是理由，而不是原因，他们其实是在为自己的喜好辩护，为此给出理由。像"因为托尔斯泰的小说有一种高度的社会责任感"以及"因为村上春树小说有一种暧昧的调调"，可能就是理由吧。

最后，我们可以这样说，"原因"总是涉及一个假设（其实是自然科学的方式）：如果一组条件有规律地导致了人的某些行为，那么我们就可以说这组条件是导致人们的某些行为现象的原因。比如极端的气候条件让人更容易得抑郁症，吃某种食物会让人更容易得心脏病，等等，我们可以想象科学家提出并且用实验来检验或者证实这些假设。在这一点上，我们和动物似乎并没有本质区别，很多时候科学家恰恰是用小白鼠来检验这些因果关系的。使得我们高于动物的，恰恰是那个理性的维度。

就我们目前讨论的情况而言，我们想要追问的是：我们凭什么把"一件事情过去经常发生"作为"它接下来也会发生"的理由?换言之,我们这样做还有没有进一步的理由?

我们可能会这样想:如果没有进一步的理由,如果得不到进一步的理由的支持,那么这样做就不是合理的行为。

但这是我们无法接受的。为了让自己的行为成为合理的行为,我们渴望一种解释,渴望另一个理由,更准确地说,就是渴望能使"'一件事情过去经常发生'成为'它接下来也会发生'的理由"的理由(不要被这个说法绕晕,它的意思是蛮清晰的),即"理由的理由"。

而这就是我们所谓的"归纳问题"。

3. 罗素的"归纳原则"

这时,罗素加入了群聊。

罗素给出了一个所谓的"归纳原则"(principle of induction),罗素认为他为这个问题和其他一些相关的问题提供了解答。

我们前面一直在谈论的,其实是归纳。大致说来,"归纳"的意思是从特殊到普遍的推理,从有限的例子中得出普遍判断的推理,这也适用于我们现在正在讨论的话题。过去发生的事件是有限的,我们从过去发生的有限事件中,或者说从我们过去的有限经验中,推断出此事接下

第九讲

来还会这样发生或者必定会这样发生,本身就是一种归纳。

现在来看看"归纳原则"。

罗素首先指出,假设有两个经常在一起出现的事件,即 A 事件和 B 事件,即使我们过去发现 A 事件和 B 事件是一直联在一起出现的(比如太阳晒和石头热),并不能直接就"证明"它们在接下来的例子中也一定会联在一起出现,我们只能谈论它们下一次一起出现的概率,它们以前联在一起出现的次数越多,那么它们下一次一起出现的概率越大,而且它们永远联在一起的概率也更大,如果它们联在一起的次数足够多,那么概率就差不多等于必然了——虽然不能完全到达必然。

如果我们接受这个看法,那么就可以给出所谓的"归纳原则"了:

如果人们发现某种事件 A 和另一种事件 B 联在一起出现,并且没有反例,那么 A 和 B 联在一起出现的次数越多,它们在一个新的例子中联在一起出现的概率就越大。在相同情况下,足够多的联在一起出现的例子会使得一个新的关联的概率接近于确定性,并且会使其无限地接近确定性。[1]

很明显,这条原则针对的是"过去发生过的某个事件

---

[1] Bertrand Russell, *The Problems of Philosophy*, Oxford University Press, 1997, p.66.

接下来还会发生"（A 和 B 的新的关联）的情况。给出了这条所谓的"归纳原则"以后，我们惊奇地发现，这条法则既不能被经验所证伪，也无法被经验所证实。

让我们来看看它们为什么不能被经验所证伪。

很明显，即使我们发现 A 和 B 下一次没有联在一起出现，而是分离了开来，即使我们有了这样的经验，我们似乎也只能说 A 和 B 这次没有联在一起，但靠这一点就能证伪"如果人们发现某种事件 A 和另一种事件 B 联在一起出现，并且没有反例，那么 A 和 B 联在一起出现的次数越多，它们在一个新的例子中联在一起出现的概率就越大"吗？能够证伪"足够多的联在一起的例子会使得一个新的关联的概率接近于确定性，并且会使其无限地接近确定性"吗？就能使这两个命题为假吗？

是的，就算 A 和 B 这次没有联在一起出现，我们也只能说"哦，这次没有联在一起"，但"A 和 B 联在一起的次数越多，它们在一个新的例子中联在一起的概率就越大"仍然没错。想一想，我们在什么情况下会说"A 和 B 联在一起的次数越多，它们在一个新的例子中联在一起的概率就越大"为假，又在什么情况下会说"足够多的联在一起的例子会使得一个新的关联的概率接近于确定性，并且会使其无限地接近确定性"为假？这两个命题为假的情况是怎么样的？你能够设想出来吗？

我们是不是会觉得这些话（恰恰是因为它们是哲学的行话）实在太有道理了，经验根本无法证伪它们？

第九讲

再来看看为什么它们不能被经验所证实。

很明显,即使我们发现 A 和 B 下一次确实联在一起出现了,我们也只能说 A 和 B 在一次新的例子中联在一起出现了,我们有了这样的经验,但靠这一经验就能证实"如果人们发现某种事件 A 和另一种事件 B 联在一起出现,并且没有反例,那么 A 和 B 联在一起出现的次数越多,它们在一个新的例子中联在一起出现的概率就越大"吗?能够证实"足够多的联在一起的例子会使得一个新的关联的概率接近于确定性,并且会使其无限地接近确定性"吗?

是的,A 和 B 这一次是联在一起出现了,但我们也只能说"这次 A 和 B 是联在一起出现了,它们联在一起的次数多了一次",我们甚至也可以说"所以它们接下来联在一起的概率一定变大了",但这就证实了"A 和 B 联在一起的次数越多,它们在一个新的例子中联在一起的概率就越大"吗?让我们想一想,在 A 和 B 这一次联在一起没有出现之前,这句话就是尚待证实的假设吗?不是的!我们觉得这句话一直都很确定,或者一直是真的。新的经验并不会让它变得更"真"或更确定。

我们是不是会觉得这些话(恰恰是因为它们是哲学的行话)实在太有道理了,经验根本无法证实它们?

这就是"归纳原则"的特点,它既不能被经验所证实,也不能被经验所证伪,它似乎具有一种特殊的地位,那么它到底有什么用呢?

很简单,罗素认为"归纳原则"为我们刚才提到的

"归纳问题"提供了解答。

这个问题就是:我们用"一件事情过去经常发生"来作为"它接下来也会发生"的理由,这样做本身还有没有理由?

罗素主张"归纳原则"就是这个理由,正因为"足够多的联在一起的例子使得一个新的关联出现的概率接近于确定性,并且使其无限地接近确定性",所以我们可以基于过去发生的事情(A 和 B 联在一起)来预计此事接下来还会发生,或者可以用"一件事情过去经常发生"来作为"它接下来也会发生"的理由。

有罗素的原文为证:

> 如果归纳原则是不可靠的,那么我们就没有理由预计太阳明天会升起,预计面包比石头更有营养,或者预计如果我们从楼顶跳下去就会下坠。……我们所有的行为就基于过去已经出现的那些联系,我们因此认为过去的联系将来也可能出现,这种可能性的有效性也依赖于归纳原则。[1]

4. 真的是这样吗?

罗素的话有道理吗?好像挺有道理。这说明我们的理智是多么渴望一个解释!好像解释能够缓解"归纳问题"

---

[1] Bertrand Russell, *The Problems of Philosophy*, Oxford University Press, 1997, pp.68-69.

第九讲

给我们带来的焦虑似的。

解释已经出现，现在轮到我们来问问：情况真的是这样的吗？

从罗素那段话中，我们可以总结出两个看起来蛮有道理的观点：

一、像"太阳明天会升起"、"面包比石头更有营养"、"我们从楼顶跳下去就会下坠"这样的日常的信念似乎也需要建立在归纳原则的基础之上，"如果归纳原则是不可靠的，那么我们就没有理由预计太阳明天会升起，预计面包比石头更有营养，或者预计如果我们从楼顶跳下去就会下坠"。

二、我们用一件事过去经常发生来作为它接下来还会发生的理由，这一点也依赖于归纳原则，"我们所有的行为就基于过去已经出现的那些联系，我们因此认为过去的联系将来也可能出现，这种可能性的有效性也依赖于归纳原则"。

先从第一点谈起。这些日常信念真的要以归纳原则作为前提吗？归纳原则需要我们进行归纳，查看以前发生的事情（以前 A 和 B 关联在一起出现的情况），以此预测接下来发生的事情（下一次联在一起出现的情况），但是，就这些信念而言，我们真的进行归纳了吗？

如果有人问我们：你现在凭什么主张"面包比石头更有营养"，凭什么认为"我们从楼顶跳下去就会下坠"或者"我们一松手这本书就会掉在地上"，凭什么认为"火会烧伤你"？对此，我们会不会回答"因为我们过去经历过这些事情（问问自己：我们过去有过这样的经验吗？我们怎么经验到面包比石头更有营养？我们吃了面包，又吃了石头，发现面包比石头更有营养？），所以它们接下来还会是这样"？

这是正确的回答吗？正确的回答难道不应该是"你傻啊，这还需要理由吗！"？我们既不必，也没法为这些信念提供任何理由，我们可以说它们就是具有"确定性"的信念，就是信念的地基中最坚实的那一层。

此时有必要让维特根斯坦来说几句：

如果我说这里涉及的是一种归纳，如果我说我确定我能将这个系列继续下去，正如我确定若我一松手这本书就会掉在地上，倘若我没有任何明显原因突然在展开这个系列时卡住了，那么我就会十分惊讶，其程度不会亚于这本书悬在空中而不是落在地上。这样说对不对呢？——对此，我会这样回答：我们同样不需要为**这种**确定性给出任何理由。[1]

"火会烧伤我，这种确定性是以归纳为基础的。"这是否意味着我自己推论道"火过去总是烧伤我，因此这

---

[1] 维特根斯坦，《哲学研究》，楼巍译，上海人民出版社，2019年7月，第一部分第324节。

第九讲

事现在也会发生"？[1]

"你为什么相信热盘子会烫伤你？"——对于这个信念，你有理由吗？需要理由吗？[2]

再来看第二点。我们用一件事过去经常发生来作为它接下来还会发生的理由，这一点真的要依赖于归纳原则吗？归纳原则真的是理由的理由吗？

先来问问自己："在相同情况下，足够多的联在一起出现的例子会使得一个新的关联的概率接近于确定性"是什么意思？它的意思差不多就是"足够多的联在一起的例子会使得一个新的关联很可能出现"，但这个"使得"是什么意思？"A 和 B 过去总是联在一起出现"难道真的会对它接下来的发生产生**实际的影响**吗？比如，"太阳晒和石头热以前总是联在一起出现"这回事难道真的会对"它们明早能不能联在一起出现"这一点带来某种**实际的影响**？会"使得"太阳晒和石头热明天早上也"很可能联在一起出现"吗？来一个搞笑的说法，"太阳晒和石头热以前总是联在一起出现"这回事难道真的会像一只手一样亲自把明天早上的太阳晒和石头热联在一起？不会的，明天

---

[1] 维特根斯坦，《哲学研究》，楼巍译，上海人民出版社，2019 年 7 月，第一部分第 325 节。
[2] 维特根斯坦，《哲学研究》，楼巍译，上海人民出版社，2019 年 7 月，第一部分第 477 节。

的太阳晒和石头热与今天的太阳晒和石头热毫无关系，二者之间并没有实际的、经验上的联系。

因此，罗素的说法貌似有道理，貌似给我们的语言游戏（进行归纳也是语言游戏）提供了理由，貌似给出了理由的理由，但其实什么也没说，更不要说给出了理由的理由。

维特根斯坦是这样表述的：

人们想要说："它是一个好理由，因为它**实际上**使事件有可能发生。"因为它仿佛对事件产生了实际的影响，仿佛是一种经验性的影响。[1]

为什么"一件事过去经常发生"能够成为"它接下来还会发生"的理由或好理由？你说因为前者"实际上"使后者很有可能发生（罗素的"使得"），你好像说出了理由成其为好理由的理由，说出了理由的理由，但真的是这样吗？前者真的会"实际上"使后者很有可能发生吗？二者之间真的存在经验性的联系吗（就像催吐药和呕吐之间的联系）？没有。

那么，现在的问题是：我们用过去的经验，换言之就是"一件事过去经常发生"作为这事接下来还会发生的理由，这种做法真的需要进一步的理由吗？我们真的需要理

---

[1] 维特根斯坦，《哲学研究》，楼巍译，上海人民出版社，2019年7月，第一部分第484节。

第九讲

由的理由吗?如果没有进一步的理由,我们的这种语言游戏就是不合理的吗?

不是的,"一件事过去经常发生"是"它接下来还会发生"的理由,这没错,但这件事本身并不需要进一步的理由了,我们的语言游戏就是这样玩的,"理由之链有一个终点"[1],"用经验来辩护是有一个终点的。如果没有终点,那就不是辩护"[2]。

如果有人对这种语言游戏感到困惑,如果有人对我们将"一件事过去经常发生"作为"它接下来还会发生"的理由这回事感到困惑,那么我们就来问问他:

那你到底想要听到些什么呢?你会把什么报告称为相信它的理由呢?你到底把什么称为"说服"呢?你预期别人会以何种方式说服你呢?——如果**这**不是理由,那到底什么才是理由?——如果你说这不是理由,那么你必定能够说出必须在什么样的情况下我们才能正当地说我们的看法是有理由的。[3]

让我们引用维特根斯坦《论确定性》中的一句话来结束这番讨论吧:"松鼠并不用归纳的方式来推论出它下一

---

[1] 维特根斯坦,《哲学研究》,楼巍译,上海人民出版社,2019年7月,第一部分第326节。
[2] 维特根斯坦,《哲学研究》,楼巍译,上海人民出版社,2019年7月,第一部分第485节。
[3] 维特根斯坦,《哲学研究》,楼巍译,上海人民出版社,2019年7月,第一部分第481节。

个冬天需要囤积着粮食。我们也一样不需要一种归纳法则来为我们的行为或我们的预测作辩护。"[1]

这句话也可以被视为是对罗素的讽刺。这也是两种思考方式（解释 VS 查看）的深刻对立。

哲学家喜欢问"X 是如何可能的"这样的问题，比如康德在《纯粹理性批判》中问的"先天综合判断是如何可能的"，罗素想问的，大概就是"我们对将来的预测是如何可能的"，他认为归纳原则是使其成为可能的东西，他没有认识到，他是在试图为我们的语言游戏提供一种理由或根据，因此是提供一种解释或辩护，但语言游戏是不需要辩护的，倒不如说任何的辩护都内在于一种语言游戏，语言游戏本身是不需要辩护的，"教给孩子的那种原始的语言游戏不需要任何辩护，辩护的企图需要被驳回"[2]。

---

[1] Wittgenstein, *On Certainty*, Blackwell, 1969, §287.
[2] 维特根斯坦，《哲学研究》，楼巍译，上海人民出版社，2019年7月，第二部分第161节。

第十讲

知识和确定性

1.《论确定性》

在前面那一讲中,我们已经引用了《论确定性》中的句子,在最后这一讲中,我们粗略地谈谈《论确定性》的主要思想。

有一点必须要先说明,《论确定性》是一个在进行中的文本,而不是一个完稿。作者没时间编排书中的评论,以达到他心目中的出版标准了。

1949年,维特根斯坦去美国待了三个月,此行是为了拜访他的朋友和学生诺曼·马尔康姆。1949年的年初,马尔康姆写了一篇名为《捍卫常识》(*Defending Common Sense*)的文章,对剑桥哲学教授摩尔(George Edward Moore)的一篇文章《为常识辩护》(*A Defence of Common Sense*)作出了自己的回应。

在美国的时候,维特根斯坦和马尔康姆进行了多次讨论,这些讨论的结果就是《论确定性》的开头部分。正如该书的编辑在《前言》中所说的:

> 马尔康姆刺激了他对摩尔的《为常识辩护》的兴趣,更确切地说,是对摩尔宣称他确定知道的某些命题的兴趣,比如"这是一只手,那是另一只手",以及"地球在我出生之前已经存在了很久"、"我从来没有离开过地球的表面"。其中的第一个命题来自摩尔的《对外部世界的证明》,其余两个则来自他的《为常识辩护》。维特根斯坦对这两个命题的兴趣由来已久,并且曾经对摩尔说过

第十讲

《为常识辩护》是他最好的文章。摩尔表示同意。本书包含了维特根斯坦从那时开始到去世前写的关于这个话题的所有东西。它全部都是第一手的材料,维特根斯坦还来不及对它进行删减和润色,就去世了。[1]

《论确定性》一共有四个部分。

维特根斯坦于1949年秋天回到欧洲,然后去拜访了在维也纳的家人,并在那里写了《论确定性》的第一部分(从第1到65节)。1950年4月,维特根斯坦去了牛津,在那里开始写一些笔记,后来这些笔记成为了他最后的哲学著述,这其中就包含了《论确定性》的第二、三、四部分。1950年11月27日,身患前列腺癌的维特根斯坦住进了贝文医生的家。到了1951年2月,贝文医生告诉维特根斯坦他只有几个月的生命了。他对贝文说:"现在我要像从未工作过那样开始工作了。"《论确定性》的一大半,即第300到676节(第四部分)都是在接下来的这两个月中写成的。因此,第四部分是最长的,也是维特根斯坦明确标记了写作日期(自1951年3月10日到4月27日)的部分。

总之,《论确定性》是由一系列在差不多一年内写下的评论构成的,但维特根斯坦并没有出版这些评论的计划。后来,丹尼斯·保罗(Denis Paul)和维特根斯坦的学生安斯康姆(G. E. M. Anscombe)将这四组评论翻译成

---

[1] Wittgenstein, *On Certainty*, Blackwell, 1969, Preface.

了英文，并于1969年将其出版了。书名是编辑加上去的。

如果维特根斯坦决定出版这本书并且有充足的时间，那么他一定会对这些评论进行删减和重新编排。

2. 作为一颗种子的摩尔

在《论文化与价值》中，维特根斯坦这样说他自己："我觉得我的原创性（如果这个词用得正确）是一种土壤的而非种子的原创性。（或许我根本没有自己的种子。）在我的土壤中播下一粒种子，它会长得与其他土壤中的不一样。"[1]

摩尔那些命题就是那颗落入维特根斯坦土壤的种子。我们接下来可以看到，这颗种子在后者那里长出了与在摩尔那里完全不一样的东西。不过本节我们还是先来看看这颗种子本身是怎么样的。

摩尔在哲学上的对手是杂多的，但我们不必进入哲学史的具体细节了，我们在这里只给出一种名为"观念论"的哲学，它主张外部世界是不存在的。

什么是外部世界？由诸多外部对象（或者说物理对象）构成的那个世界，它独立于我们对其的感知和认识而存在。比如一个桌子，我们看或者不看，它都在那里。

---

[1] 维特根斯坦，《论文化与价值》，楼巍译，上海人民出版社，2019年5月，第61页。

第十讲

这种哲学是怎么来的呢？我们先来说说为什么外部世界是不可认识的，然后再来说说为什么有人居然会主张外部世界是不存在的（这听起来确实有点荒谬）。

让我们把一个桔子放在眼前，再来看看我们是如何感知或认识这个桔子的。好，这个桔子看起来是黄色的，摸起来凉凉的、粗糙的，吃起来是甜的，闻起来有一股清香……所有这些都是这个桔子的性质，这一点我们不会否定，假设我们把所有这些性质都把握到了（这个"把握"无疑是一个含混的词语，但这里姑且这样用吧），都感知到了，现在我们把所有这些性质都加在一起，是否就等于那个桔子本身呢？

我们会说：不！桔子本身一定不等于这些性质的总和，相反，这些性质一定是属于那个桔子本身的！

如果我们这样说，我们就设定了一个我们的感知或者认识永远无法企及的桔子本身。这当然是一种奇特的哲学构造。

首先，这个桔子本身不同于它的全部性质的总和（我们同意这一点），而我们能够把握的，就只有这些性质（我们似乎也同意这一点），所以我们是把握不到桔子本身的（我们似乎也只能同意这一点）。

其次，既然桔子本身独立于我们对其的把握（感知、认识），那么它就是不可认识的。

再次，既然桔子本身是不可认识的，你完全没有把握桔子本身的通道，那么你怎么知道它存在呢？你已经得到了你想要得到的一切（看起来、摸起来、吃起来……），为什么还要假定那个不同于所有这些感知、认识的外部对象的存在呢？你怎么证明它存在呢？说它存在难道不是一个迷信吗？

这时，如果我们回嘴道："如果桔子本身不存在，那么我们怎么会有那些感知呢？我们实际上有这些感知，这不就证明桔子本身是存在的吗？"

我们的对手会悠悠地说："但你这个只是一个推论，而不是一个证明，你是从感知的存在（这个我不否认）推论出桔子本身的存在的，但谁说你的推论一定是对的呢？只要是推论，总有出错的可能。因此你要先证明你的推论是对的！总之，既然我们谁也无法直接感知到桔子本身，那么我就有理由说它是不存在的，那又怎么样呢？你来证明啊！"

这大概就是康德在《纯粹理性批判》中写到如下这段话时想到的那些朋友吧：

然而哲学和普遍人类理性的丑闻仍然存在，即不得不仅仅在信仰上假定在我们之外的物（我们毕竟从它们那里为我们的内感官获得了认识本身的全部材料）的存有，并且，如果有人忽然想到要怀疑这种存有，我们没有足够的证据能够反驳他。[1]

---

[1] 康德，《纯粹理性批判》，邓晓芒译，杨祖陶校，人民出版社，2004年2月，第二版序第27页。

第十讲

粗略地说来（摩尔的文章其实蛮复杂的），为了反对前面那个主张外部世界不存在的"观念论者"，摩尔在1925年发表的《为常识辩护》这篇文章中给出了一些这样的命题，比如"当前存在着一个活着的人体，那就是我的身体"、"自它出生以来，它总是接触着地球的表面，或者离地球表面不远"、"地球在我的身体出生之前已经存在了很多年"[1]，并且主张这些命题一定是真的（我们自己也不大可能会认为它们是假的）。此外，摩尔还主张"每一个人，在他的身体活着的这段时间内，就他**自身**或**他的**身体而言，就先于我写下的那些命题的任何一个时间的某个时间而言，都确实经常知道与那些每一个命题**相对应**的某个命题"[2]。

看得出来，摩尔认为他和其他人一样，都"知道"这些命题是真的，现在好了，既然大伙都知道这些命题为真，那么观念论者的看法就被反驳了，因为人体啦，地球啦，都是外部对象或者物理对象（就我们的论述而言，二者是一回事），而它们无疑是存在的并且摩尔知道它们是存在的。

所以，摩尔在《为常识辩护》中的策略是：给出一些他和别人都知道的真命题（常识命题），这些命题对立于观念论的看法，所以观念论者的看法是有问题的。

---

[1] Moore, *Philosophical Papers*, Allen and Unwin, 1959, pp.33–34.
[2] Moore, *Philosophical Papers*, Allen and Unwin, 1959, p.34.

但是，摩尔对这种方法感到不满，因为他发现自己很难说自己直接就"知道"了这些命题：

就它们中的大多数的情况而言，我并不**直接**知道它们；换言之，我知道它们，只是因为在过去我已经知道作为它们的证据的**其他**命题是真的。如果，比如我确实知道地球在我出生之前已经存在了很多年，那么我之所以知道这一点，当然只是因为我已经知道了过去的其他东西，这些东西是它的证据。我当然并不准确知道这证据是什么。……我认为我们都处于这种奇怪的地位上，那就是我们确实**知道**很多东西，关于这些东西我们**知道**我们一定有过它们的证据，但我们却不知道我们是**如何**知道它们的，换言之就是我们不知道这证据是什么。[1]

前面说了，维特根斯坦挺欣赏摩尔的这篇文章的，因为这里的某个看法（"我们不知道我们是如何知道它们的"）和维特根斯坦自己的看法有着某种相似性。这一点我们等下再来谈。

十四年后，即 1939 年，摩尔发表了一篇名为《对外部世界的证明》的文章。在这篇文章中，摩尔再也不想给出一些与观念论者的看法相左的命题，并以此来反对观念论者了，他可能认为这是一种"间接"的做法吧，他在这里想要直接证明外部世界的存在。他的证明如下：

---

[1] Moore, *Philosophical Papers*, Allen and Unwin, 1959, p.44.

第十讲

摩尔举起他的手，举在自己面前，举在清晰的光照下，然后用右手作出一个手势，并且说："这是一只手。"

然后，用左手作出一个手势，并且说："这是另一只手。"

然后得出结论："当下存在着两只人的手。"

因为这个结论关系到外部对象（物理对象）的存在，所以摩尔接着主张"当下存在着两只人的手"蕴涵着"物理对象是存在的"。

因此，他证明了"外部世界是存在的。"

先不管这种证明是不是一种真正的"证明"。在这篇文章中，摩尔认为他无疑是"知道""这是一只手"的（这和《为常识辩护》中的看法不一样），"在给出证明的那个时候，我当然知道我用一些手势外加'这是一只手，这是另一只手'所表达的东西……要是说我那时不知道，而只是相信这些，要说也许情况不是这样，那该有多么荒谬啊！"[1]

3. 不是知识的家族的一员

前面说了，摩尔给出了这样一些蛮奇特的命题："这是一只手"、"我有一个身体"（也可以改成"我是一

---

[1] Moore, *Philosophical Papers*, Allen and Unwin, 1959, p.150.

个人"）、"这个身体出生以来并没有离开地球的表面"（可以改成"我从未去过月球"，意思差不多）、"地球在我出生之前已经存在了很多年"。

看得出来，这些命题都有两个特点：

一、我们忍不住会说它们是陈述了绝对不容置疑的事实的经验命题。我们会说，这当然是一只手！我当然没有去过月球！这当然是经验命题！

二、和摩尔一样，我们忍不住会说自己知道它们（"我知道这是一只手！"），或者知道它们为真（我知道"地球在我出生之前已经存在了很多年"这个命题为真！）。

但是，首先，我们在第四讲和第八讲中说过了，凡是事实，都是可以被反过来的，珠穆朗玛峰可以不高 8848 米而只高 8000 米，与此相对应（经验命题陈述"可能的"事实，真的经验命题陈述事实），就经验命题而言，我们是可以设想它们的反面的。早期维特根斯坦说过经验命题是可真可假的，或者说它们有"两极性"（真是一极，假是另一极），它们是有意义的，这个看法其实被后期维特根斯坦保留了下来。

现在请你举起一只手（是的，请读者你现在举起你的左手），想象一下"这是一只手"的反面，即"这不是一只手"，你能想象吗？你能想象自己举起的是一只佛手瓜，而不是一只手吗？你肯定会说：这太荒谬了，这种想象毫无意义！

第十讲

其他命题也一样，你能够想象你没有身体吗？用维特根斯坦的话说："'我知道我是一个人'。为了看清这个命题的意义是多么不清晰，考虑一下对其的否定。"[1]

经过我们的分析，我们可以发现，它们并不是经验命题，而只是看起来像经验命题，只是"具有经验命题之形式"[2]罢了。

其次，我们在第八讲中说过了，在后期维特根斯坦那里，"知道 X"和"怎么知道 X"是内在地关联起来的，如果你给不出那个"怎么"知道，那么我们就可以说你不知道（这看起好像有点过分严格，但请记住"知道"这个词在我们的语言中就是这样被使用的）。如果我们像摩尔那样坚持认为自己知道"这是一只手"，那么如果别人问我们"你怎么知道这是一只手"，那我们该怎么回答？

在做哲学的时候，我们倾向于给出的答案当然是"我看到了"。因为我看了，所以我知道它是一只手。

但真的是这样吗？在看之前，你就不知道你举起的是一只手吗？在看了之后，你就因为"看了"所以就知道了你举起的是一只手吗？你的"看"真的比"这是一只手"更确定吗？如果你给出的"怎么知道"（即那个途径）并不比你知道的东西更确定，那么你怎么能用它来回答"你怎么知道"这样的问题呢？如果你问我："你怎么知道新

---

[1] Wittgenstein, *On Certainty*, Blackwell, 1969, §4.
[2] Wittgenstein, *On Certainty*, Blackwell, 1969, §96.

来的校长是北京人？"我给出的"途径"要比我的知识更确定，比如"我在网上搜索过校长的简历"，这个简历肯定比我的知识更确定，否则它怎能为我的知识提供根据呢？

请做这样一个思想实验：有一天，你闭着眼睛举起了自己的左手，睁开眼睛后却看不到自己的手，那么你是该去怀疑"是不是我的眼睛出了问题"？还是该去怀疑"是不是我的手没了"？我想，在这样的情况下你不会立刻就去怀疑"是不是我的手没了"，而很可能去怀疑"是不是我的眼睛出了问题"。这说明了什么？这说明了"我有一只手"比"我的视力是正常的"还要更确定，我们很可能会把前者设定为不可动摇的东西，而将后者设定为要被检验的东西。正如维特根斯坦所言：

> 可以设想这样一个情况，在其中我**可以**让自己相信我有两只手。但一般情况下我**不能**这样做。"但你只需将它们放在眼前。"——如果我现在怀疑我有没有两只手，那么我也无需相信我的眼睛了。[1]

如果一个盲人问我："你有两只手吗？"我不会用看来查明这一点。如果我要怀疑这一点，那么我不知道为什么要相信我的眼睛。因为，为什么我不该用看看我能否看

---

[1] 维特根斯坦，《哲学研究》，楼巍译，上海人民出版社，2019年7月，第二部分第312节。

第十讲

到我的双手来检验我的**眼睛**呢？该用**什么**来检验**什么**呢？（谁来决定**什么**是固定的呢？）[1]

从这两段引文中，我们可以得出两个结论：一方面，我的"看"并不比"我有两只手"更确定；另一方面，我不能去怀疑"我有两只手"。去怀疑我有没有两只手会让一切陷入荒诞和无意义，会让我们有一种疏离的感觉，让我们与熟悉的日常及意义疏远了开来（就像我们进入了一个外星人的生活或者外星人进入了我们的生活，那种疏离、隔膜、荒诞的感觉，一切意义都消散了）。

此时，来看一段《论文化与价值》中的话吧：

两人一起发笑，也许是为了同一个笑话。其中一人说了一些有点特别的话，接着他俩爆发出某种咯咯的笑声。对于某个从另一个环境中来到我们这里的人而言，这可能是**非常**奇怪的。而我们觉得它十分**合理**。

（我最近在公交车上目睹了这个场景。我能把自己设想成一个不熟悉这个场景的人。于是它对我而言完全是非理性的，就像一些奇特的**动物**的反应。）[2]

经过一番分析，我们发现自己（摩尔也一样）不能说"我知道这是一只手"，也不能说"我知道'这是一只

---

[1] Wittgenstein, *On Certainty*, Blackwell, 1969, §125.
[2] 维特根斯坦，《论文化与价值》，楼巍译，上海人民出版社，2019年5月，第130页。

手'这个命题为真",因为,第八节已经论述过了,在后期维特根斯坦这里"一个命题为真"和"我们怎么知道它为真?"也是内在地关联起来的,如果你无法回答"你怎么知道它为真"这个问题,那么你也不能说它"为真"。而"你怎么知道'这是一只手'这个命题为真"这个问题几乎就等于"你怎么知道这是一只手",换言之,在这种语境下,"为真"这两个字可以被去掉。如果不怕引起混乱,我们甚至可以说前面这个命题是后面这个命题的"分析过的形式"[1]。顺便说一下,这其实就是最初的分析哲学想要做的事,最初的分析哲学家认为日常语言,比如一个日常的句子,其意义是不清楚的,需要经过分析,才能变得彻底清楚。不过我们在这里就不去谈论它了。

好,我们刚才给出的两个看法都被我们否定了,摩尔给出的这些命题既不是经验命题,摩尔(我们也一样)也无法说自己"知道"它们或"知道"它们为真,换言之就是说我们"知道"这些摩尔式的命题是无意义的,"当摩尔说'我知道……'的时候,我想要回答说'你什么也不知道!'"[2]。

这样说来,摩尔的"证明"其实是成问题的,因此,摩尔对观念论者的反驳当然也是成问题的。

来总结一下。如果我们接受早期维特根斯坦的看法,

---

[1] 维特根斯坦,《哲学研究》,楼巍译,上海人民出版社,2019年7月,第一部分第60节。
[2] Wittgenstein, *On Certainty*, Blackwell, 1969, §407.

第十讲

即有意义的命题都是可真可假的,那么我们就可以说有意义的命题的反面也是有意义的("珠穆朗玛峰高 8848 米"这个真命题是有意义的,其反面也是有意义的,虽然是假的),无意义的命题的反面也是无意义的(回忆一下第八讲中的"这根棍子有长度",它是无意义的,思考一下它的反面是否有意义)。因此,如果"我知道这是一只手"是无意义的,那么它的反面"我不知道这是一只手"也是无意义的。只是我们在做哲学的时候倾向于同意前者而反对后者,我们觉得"我知道这是一只手"是一个有意义且永远为真的命题,但是,按照前面的分析,这种看法是不对的。

既然"我知道或不知道这是一只手"是无意义的,那么"我怀疑这是不是一只手"也是无意义的。原因很清楚,在可以使用"我知道 X"的地方,也可以使用"我不知道 X"和"我怀疑 X"(三者都有意义),相反,在不能使用"我知道 X"的地方(在这个说法无意义的地方),也不能使用其他两个表达式。比如,我说我知道新来的校长是北京人,但新来的校长可以不是北京人,我完全可能搞错(出错的可能性是这个语言游戏的一部分),因此我可以发现自己当时其实"不知道"新来的校长是北京人。另一方面,既然出错的可能性是预设在这里的,那么我也可以怀疑新来的校长是不是北京人,可以用某种方式(看简历或直接问校长本人)来打消自己的怀疑,证实自己关于校长籍贯的"知识",或者证实自己的怀疑,因此证伪了自己的"知识",发现自己搞错了。

"新来的校长是北京人"是一则典型的知识。知识构成一个家族。我们可以这样刻画这个家族的成员的特点:对于这个家族的成员而言,说我们"知道"它,或"不知道"它,或"怀疑"它,或通过某种方式或途径来"证实"(发现它是真的或对的)或"证伪"(发现它是假的或错的)它,都是有意义的。

但"这是一只手"不是这个家族的一员。

前面已经论述过了,说你知道它,不知道它,都是无意义的,你也没法用任何方式或途径来证实或证伪它,因此,说你怀疑它也是无意义的。举起自己的手,然后怀疑你举起的是不是一只真的手(还是佛手瓜,或者手的镜中像),是毫无意义的!"如果一个人说他怀疑自己没有手,总是从各个角度看着自己的手,试图确定它不是镜中像或类似的东西,那么我们将不确定我们是否该将其称为一种怀疑"[1]。

摩尔给出的那些命题都不是知识的家族的成员,我们可以说所有这些命题"对于我们来说必须是确定的"[2]。《论确定性》这个书名就是这样来的,对于我们来说,一些命题必须是确定的,必须固定在那里。

维特根斯坦明确地区分了知识和具有确定性的命题,

---

[1] Wittgenstein, *On Certainty*, Blackwell, 1969, §255.
[2] Wittgenstein, *On Certainty*, Blackwell, 1969, §112.

第十讲

"'知识'和'确定性'属于不同的**范畴**"[1]。

4. 渠道、河床和门轴

摩尔那些命题落到了维特根斯坦的土壤中,产生了完全不同于在摩尔那里产生的东西。摩尔并没有如其所是地对待这些命题,而维特根斯坦做到了。第九讲已经说过,维特根斯坦要查看语言的实际情况,那么,摩尔给出的那些命题在语言中扮演着一种什么样的角色呢?维特根斯坦说:"摩尔给出的那种作为已知的真理的例子是有趣的。不是因为有人知道它们为真,或者相信自己知道它们,而是因为它们都在我们的经验判断系统中扮演着**类似的角色**。"[2]

那么,该如何理解这番话呢?

我们在第四讲和第八讲中已经提到两种不同的命题:一种是偶然的经验命题,它陈述了可能的事实,它是有意义的,它可真可假,另一种是逻辑命题或语法命题。逻辑命题不描画任何可能的事实,它永远为真,它是没有意义的;语法命题貌似陈述了不容置疑的事实,貌似永远为真,其实无所谓真假,也是无意义的。但是,我们也论述过了,语法命题和逻辑命题都是"有意义"("有意义的

---

[1] Wittgenstein, *On Certainty*, Blackwell, 1969, §308.
[2] Wittgenstein, *On Certainty*, Blackwell, 1969, §137.

命题")的框架。意义就在这个框架内,但框架本身是无意义的。

理解了这对二分,也许也就能够理解《论确定性》提到的那些摩尔式命题所扮演的角色了。它们当然不是经验命题,而且,说我们"知道"它们,或者将它们作为我们的知识的例子而孤零零地给出来,当然是无意义的,但它们是经验命题(经验判断)的框架或者干脆说基础,是必须保持确定的东西。

但是,我们应该这样来理解"框架"或"基础"这两个概念:它们必须保持确定,倘若将它们拽入怀疑之中,就会废黜我们的经验判断,"如果作出判断是可能的,那么关于一些经验命题就不可能存在任何的怀疑"[1],同时也会废黜我们的语言,会让我们与日常的、熟悉的意义及情境(可以说我们每个人都处于一种"意义场"之中,想象一下我们日常生活中使用的那些语言)彻底疏远开来。

设想两个同住的房客在争吵,一个人要求少付点电费(因为他白天都不在家),他想付40块,另一个人要求两人付同样的电费,但关于"40+60=100"这样的数学命题,他们是不会发生争吵的。如果他们关于这一点发生了争吵,那么我们就可以说这不是真正的争吵了(脱离了日常的意义及情境,他们的语言成为了无意义的声响)。虽然说起来有点搞笑,我们可以说"关于这个数学命题的不

---

[1] Wittgenstein, *On Certainty*, Blackwell, 1969, §308.

第十讲

争吵使得关于水费的争吵成为了可能"。

"如果12乘12等于144这个命题是免于怀疑的,那么非数学命题必须也一样"[1],适用于数学命题的,也适用于那些貌似经验命题的命题。想象一个足球守门员煞有介事地怀疑自己的手并不是一只真的手,而总是去问其他球员"嘿,我的手是不是一只真的手?"这样的问题。如果我们就在这种情况中(我们就是他身边的球员),那么我们该如何打消他的怀疑呢?他的怀疑是一个真正的怀疑吗?我们可能会认为守门员根本不理解"手"这个词的意义,他根本不会使用"手"这个词。我们的语言交流终止了,我们的语言被废黜了。我们再次体会到了那种疏离和无意义。

所以,某些命题必须保持确定,我们既不可能去怀疑它们,也不可能弄错。而这就是使得我们的经验判断(经验命题)成为可能的东西。维特根斯坦曾将这些具有确定性的命题比喻成经验命题得以在其中流动的渠道,比喻成河床:

人们可以想象某些具有经验命题之形式的命题固化了,成为了那些并未固化的、流动的经验命题的渠道;这种关系是随着时间而变化的,流动的命题会固化,固化的命题会流动。

但我区分开河床上的水的运动和河床本身的运动,尽

---

[1] Wittgenstein, *On Certainty*, Blackwell, 1969, §653.

管二者之间并不存在清晰的分隔。[1]

二者当然是有区别的，这一点我们应该已经清楚了，但为什么二者之间不存在清晰的分隔？这恰恰是维特根斯坦的哲学的特殊之处。大多数哲学家都希望自己的结论是普遍的，是放之四海而皆准的，都希望给出一个一劳永逸的理论（这种区分其实也是一种理论）。学有余力的读者可了解一下康德关于"分析判断"和"综合判断"的区分。是的，康德肯定不会认为二者会相互转化，也不会承认二者之间没有清晰的界限。

但维特根斯坦不是这样的，他的任务是查看语言的真实状况，而语言是会变化的，所以二者会相互转化，也没有清晰的界限。这就是对待语言的"无为"态度，即"哲学不能以任何方式妨碍语言的实际用法，因此它最终只能描述这些用法"[2]。顺便说一下，维特根斯坦的"有为"体现在对理智疾病的处理上，即"哲学是一场反对用我们的语言作为手段来迷惑我们的理智的斗争"[3]。

但是，话又说回来，摩尔给出的那些命题之所以保持确定，并不是因为它们是绝对为真的（它们没有真假），也不是因为我们在心理上很容易接受它们或者相信它们（个

---

[1] Wittgenstein, *On Certainty*, Blackwell, 1969, §§96, 97.
[2] 维特根斯坦，《哲学研究》，楼巍译，上海人民出版社，2019年7月，第一部分第124节。
[3] 维特根斯坦，《哲学研究》，楼巍译，上海人民出版社，2019年7月，第一部分第109节。

第十讲

人的心理状态和语言本身的真实状况毫无关系），而是因为它们在我们整个判断系统中扮演的那种特殊的角色。我们可以说：是围绕着它们的整个系统使它们保持确定的。

这就是一种特别的"基础"了。

一般说来，哲学中所谓的"基础"是本身就为真的（尽管很多时候我们不知道它们的"真"是怎么来的），或者本身就是自明的东西（虽然"自明"的意思好像只是"对我们而言"是自明的），正因为这样，它们才能成为那些不那么坚实或者不那么自明的东西的基础，但维特根斯坦是倒过来的，"人们几乎想要说这些地基是被整座房子支撑着的"[1]。

维特根斯坦用"轴心"这个比喻形象地说明这一点：

> 那些固定的东西之所以固定，不是因为它自身就是明显的或者让人信服的，而是那些围绕着它的东西使其固定的。[2]

> 我并未明确地学过那些对我来说固定不动的命题。我后来可以**发现**他们，就像发现一个在转动的物体的轴心。这个轴心并不是在别的东西使其固定这层意义上保持固定，而是围绕着它的运动决定了它的不动。[3]

---

[1] Wittgenstein, *On Certainty*, Blackwell, 1969, §248.
[2] Wittgenstein, *On Certainty*, Blackwell, 1969, §144.
[3] Wittgenstein, *On Certainty*, Blackwell, 1969, §152.

这样一来，我们也就能理解所谓的"门轴"这个比喻了：

我们提出的**问题**和我们的**怀疑**取决于某些命题被排除在了怀疑之外，就好像是它们所赖以旋转的门轴。[1]

如果我们想要门转动，门轴必须保持固定。[2]

最后，让我们用维特根斯坦去世前写的最后一段话来结束我们所有的讨论吧（尽管它处理的是笛卡尔的"做梦假设"，读者可自行去了解）：

"但是即使在这样的例子中我也不可能弄错，——难道我不可能处于麻醉状态？"如果我处于麻醉状态，如果麻醉药带走了我的意识，那么我现在实际上并未在讲话和思考。我不能严肃地假定我现在在做梦。一个在做梦的人不能正当地说"我在做梦"，即使他当时出声地说了出来，正如他不能在梦中正当地说"天在下雨"且天事实上正在下雨。即使他的梦实际上与雨声有关。[3]

---

[1] Wittgenstein, *On Certainty*, Blackwell, 1969, §341.
[2] Wittgenstein, *On Certainty*, Blackwell, 1969, §343.
[3] Wittgenstein, *On Certainty*, Blackwell, 1969, §676.

图书在版编目（CIP）数据

维特根斯坦十讲 / 楼巍著 .
-- 上海：上海文艺出版社，2023（2025.9 重印）
ISBN 978-7-5321-8668-6
Ⅰ.①维… Ⅱ.①楼… Ⅲ.①维特根斯坦（Wittgenstein, Ludwig 1889–1951）– 哲学思想 – 研究 Ⅳ.① B561.59
中国国家版本图书馆 CIP 数据核字 (2023) 第 006873 号

发 行 人　毕　胜
责任编辑　肖海鸥
装帧设计　丁威静

书　　名　维特根斯坦十讲
作　　者　楼　巍
出　　版　上海世纪出版集团　上海文艺出版社
地　　址　上海市闵行区号景路 159 弄 A 座 2 楼　201101
发　　行　上海文艺出版社发行中心
　　　　　上海市闵行区号景路 159 弄 A 座 2 楼 206 室　201101　www.ewen.co
印　　刷　苏州市越洋印刷有限公司
开　　本　787 × 1092　1/32
印　　张　7.25
字　　数　140 千字
印　　数　25,101-30,200 册
印　　次　2023 年 5 月第 1 版　2025 年 9 月第 5 次印刷
Ｉ Ｓ Ｂ Ｎ　978-7-5321-8668-6/B.095
定　　价　68.00 元

告 读 者　如发现本书有质量问题请与印刷厂质量科联系　T: 0512-68180628